高校英语教学模式研究

侯晓慧◎著

文化发展出版社
Cultural Development Press
·北京·

图书在版编目（CIP）数据

高校英语教学模式研究 / 侯晓慧著 . -- 北京 ：文化发展出版社，2024. 8. -- ISBN 978-7-5142-4444-1

Ⅰ . H319.3

中国国家版本馆 CIP 数据核字第 20247V9Q54 号

高校英语教学模式研究

侯晓慧　著

出 版 人：宋　娜

责任编辑：袁兆英　　　　　　责任校对：侯　娜

责任印制：杨　骏　　　　　　封面设计：守正文化

出版发行：文化发展出版社（北京市翠微路 2 号 邮编：100036）

网　　址：www.wenhuafazhan.com

经　　销：全国新华书店

印　　刷：天津和萱印刷有限公司

开　　本：710mm × 1000mm　1/16

字　　数：200 千字

印　　张：10.75

版　　次：2025 年 1 月第 1 版

印　　次：2025 年 1 月第 1 次印刷

定　　价：72.00 元

I S B N：978-7-5142-4444-1

◆ **如有印装质量问题，请电话联系：010-58484999**

前言

随着经济全球化的发展，英语作为国际交流的主要语言，在众多领域的知识学习中占据了重要地位。因此，高校英语教学任务始终被视为关键任务之一。教育界普遍认为，研究和优化高校英语教学模式对于提升人才培养质量具有重要意义，这与当前人才培养模式的战略目标紧密相连。

高校英语教学模式的研究不仅有助于完善英语教学体系，还能为英语教师提供具有实践指导意义的方案，进而推动英语教学改革。然而，在探索具有校本特色的英语教学模式过程中，一些问题逐渐凸显。这些问题包括教学模式实施程序的各个环节，如教学目标的设定、教学内容的选择、教学方法的应用及教学评价的开展等。同时，还包括教学模式中的多个层面，如教师素质、学生需求、课程设置及教学资源配置等。这些问题严重制约了高校英语教学模式的完善与发展。

为了应对这些挑战，笔者根据高校英语教学模式的发展现状和成功经验，提出了一系列优化策略。其中包括设定符合实际需求的教学目标、采用多元化的教学方法等。这些策略旨在提高教学效果，推动高校英语教学模式的持续创新与发展。

本书一共五章，第一章为高校英语教学概述，包括高校英语教学的内涵、高校英语教学的影响因素、高校英语教学的现状等内容，加深了人们对高校英语教学的了解。第二章为高校英语教学模式的理论基础，包括建构主义理论及其内涵、任务型语言教学的原则与方法、教学系统设计优化的理念与方法等内容。第三章为高校英语教学模式存在的问题，包括教学模式实施程序中存在的问题、教学模式宏观系统中存在的问题、高校英语教学模式出现问题的成因等内容。第四章为高校英语教学模式的优化策略，包括设定合理的教学目标，采用立体教学方法；选用丰富的教学内容，设计激励型教学评价体系；优化教师培养机制，创新英语教材编写体系；改革英语课程体系，完善学生培养机制；提升学生学习兴趣和自主学习能力等内容。第五章为高校英语教学模式的新发展，包括高校英语翻转课堂模式、高校英语微课模式、高校英语慕课模式等，为高校英语教学模式的发展提供经验。

在撰写本书的过程中，作者参考了大量的学术文献，得到了许多学者的帮助，在此表示真诚的感谢。本书内容系统全面，论述条理清晰、深入浅出，但由于作者水平有限，书中难免有疏漏之处，希望广大同行及时指正。

侯晓慧

2023 年 7 月

目　录

第一章　高校英语教学概述

在经济全球化的背景下，国际竞争日趋激烈，英语已经成为人们必备的一项语言交流技能。如今，运用英语与海外人士进行沟通交流已经成为国内广大群众日常生活中的常见现象。在高校教育中，英语作为一门核心课程，其重要性不言而喻。本章为高校英语教学概述，包括高校英语教学的内涵、高校英语教学的影响因素和高校英语教学的现状三部分。

第一节　高校英语教学的内涵

一、英语教学的内涵

（一）教学的定义

在分析英语教学的内涵之前，首先要先了解教学是什么。由于学科内容的不同，每个学科教学的关注点也不同，不同的学者对教学的定义也有所不同。“教学”二字蕴含的关系具有双重性：其一为“教”，其二为“学”。其中，“教”扮演着引导与启发的角色，是“学”得以实现的前提；而“学”则是在“教”的引导下获得的知识与技能，是“教”的最终体现。这两者相互依存、相互促进，共同构成了教学的完整内涵。

（二）英语教学的定义

在我国，汉语作为我们的母语，是一个民族领域的概念。母语，即本民族的语言，是个人作为某一民族成员对本民族语言和文化的内在认同的体现。这种认同并不依赖于语言习得的顺序，甚至不受是否习得其他语言的影响。母语是民族认同的重要组成部分，它承载着民族的历史、文化和价值观，是民族团结和发展的重要纽带。而英语属于我国的第二外语，外语一般指非本国语言的他国语言。由于我们日常生活中大多数交流都是使用母语，交往对象都是中国人，所以缺乏一定的英语使用环境和使用对象，这种情况的出现就使英语教学面临着较大的挑战。英语教师的教学水平会直接影响学生的语言运用能力。实现英语学习目标的关键在于教师“教”的方法和学生“学”的过程。具体而言，英语教学的定义主要有以下几个方面。

1．英语教学是有目的的活动

英语教学有不同的教学阶段，每个阶段的教学目的和意义都是不同的，并且每个阶段的教学目的都有不同的层次。

2．英语教学有系统性和计划性特征

英语教学是系统性的语言教学，这种系统性实现的关键在于学校教学的管理者、教育机构及教研部门。英语教学也具有计划性，这种计划性主要源于教师和学生，教师要计划如何进行教学，学生要计划如何进行学习。

3．英语教学需要选择合理的教学方法和教育技术

英语教学历经长时间的积累与沉淀，逐渐形成了丰富多样的教学方法。随着信息技术的发展，多媒体逐渐走进课堂，为英语教学方式的创新带来了更多的可能。在英语课堂中，每个学生的学习能力和知识消化能力不同，因此教师要因材施教。教师要掌握学生的学习特征，借助一定的教学方法和技术进行教学，促进学生整体素质的发展与教学目标一致。

（三）英语教学的本质

英语教学研究以学生的学习实践活动为主要方向，努力将更多的教学理论知识运用于教学实践，指导学生用科学的方法进行英语学习。当然英语教学不只是一门简单的语言教学，更是一种文化教学。

1．英语教学是一种语言教学

语言学习并不是一蹴而就的，它要求学生持续关注语言的特定特征，并在此基础上形成新的假设。随后，学生需要通过检验与修正这些假设，实现迭代进步，最终实现掌握语言的目标。在这一过程中，人的意识起到了至关重要的作用，它不仅参与假设的修正，而且能引导学生关注语言的各个层面。英语是一种重要的国际语言，英语教学的本质目的在于培养学生综合运用英语的能力。

因为英语教学的学科性质，所以英语教学和相关学科的联系紧密，因此在英语教学过程中，教师常常借鉴和应用其他学科的教学理论，以期更好地服务于教学实践。英语教学的内容主要是语言，深入理解语言的本质及其相关活动就显得十分必要。人们在研究语言的过程中，不断对语言的属性有所认识，并能详细描

述、分析和解释语言结构，全方位地研究语言功能。

2. 英语教学是一种文化教学

每个国家的语言都是不同的，一个国家的语言可以反映出一个国家的文化，因此，语言和文化两者之间密不可分。在英语教学过程中，学生不仅要学习语言知识，还要学习语言文化，要了解英语国家的文化，提高英语思维能力，方便日后运用英语进行交流。所以英语教学也是一种文化教学。

二、英语教学的要素

（一）教师和学生

1. 教师

无论哪个学科的教学活动的开展都离不开教师的指导，教师在教学中的角色是无法替代的。教学改革前教师只是教学的主宰者和知识的传播者，随着教学改革的发展，教师这一角色也更为丰富，当代教师的角色主要包括以下几点。

（1）知识的传授者

在传统英语教学中，学生获取知识信息主要依靠教师，教师是知识的传授者。但是现如今教师不仅要传授给学生知识信息，还要教会学生做人的道理。

（2）课堂的控制者

高校教学课堂参与人数一般会超过三十人，甚至更多，学生越多课堂秩序也就越难掌控，所以教师也是课堂的控制者，教师不但需要控制课堂秩序，还要控制教学时间，这样才能获得更好的教学效果。

（3）行为的评价者

行为的评价者指教师要在学生出现问题时及时地进行反馈。每个学生在课堂或者课下都会有一些不足之处，或是学习方面的或是生活方面的，这需要教师细心观察学生的一举一动，当学生出现问题时教师要把握好评价的方法，及时对学生的错误进行纠正，在纠正的过程中要注意自己的言辞，避免对学生的心理造成伤害。

（4）活动的组织者

任何课堂都是有秩序的，而有秩序的课堂的构建需要课堂活动的组织者。一般这个角色都是教师扮演的，这主要是因为学生是课堂的参与者，是学习的主体，教师在组织任何教学活动时都要将学生放在首位，无论开展何种教学活动，其方式和流程都要和学生交代清楚，方便学生更好地了解自己的职责，这样才能顺利地开展教学活动。

（5）活动的促进者

在英语教学活动中，教师也是学习活动的促进者。学生难免会遇到一些学习上的问题，当教师发现学生遇到问题时，要帮助学生将所学知识构建成一种新的知识结构，这样才能促使学生继续学习。

（6）活动的参与者

英语教学是一种教学活动，教师在教学活动中既是参与者又是组织者。在英语课堂中，教师要运用一定的教学技巧，活跃课堂气氛，努力拉近和学生的距离，促进教学活动的有序开展。

（7）资源的提供者

教师也可以被称为“移动的资源库”，教师都是有一定的知识储备的人，可以为学生提供丰富的知识信息，促进学生不断学习。

（8）教学的研究者

教师也是教学的研究者。教师在教学的过程中也需要不断地学习新的知识，储备新的信息资料，不断研究教学内容，在遇到教学问题时，及时展开研究，解决问题，完善教学活动，这样才能保证日后的课堂教学活动能够顺利开展。

（9）学生学习的激励者

教师还有一个重要的身份就是学生学习的激励者。教师在扮演这一角色时，必须拥有足够的教学经验，并且具备激励学生学习的能力。当教师在课堂中作为一名激励者出现时，学生将成为课堂的中心，那么课堂的掌控权自然也就交给了学生。

从上述内容中能够看出教师的角色是多种多样的，要成为一名合格的教师是非常不易的，需要在上述角色中灵活转换，并且要有足够的应变能力。

2．学生

随着现代社会的发展，科技的进步带来了知识体系的变化，这也使学生必须不断适应和学习新的知识体系。英语教学是一个注重学生全面发展的学科，学生在英语教学中主要有以下几种角色。

（1）学习的主体

在教学活动中，学生要正确定位自己的角色，了解自己的学习任务，摆正自己的学习态度。在英语教学中要确保学生的课堂主体地位，因为学生在获取知识的过程中是主动参与者，学生可以在获取知识的同时积极参与到教学实践中去，这样也有助于其构建正确的世界观、人生观、价值观。

（2）活动的参与者

任何教学活动，学生都是主动参与者，但是当学生的身份是参与者时，也需要教师的配合，需要教师在教学过程中激发学生的学习兴趣，调动学生的积极性，引导学生主动参与到教学活动中去。当然学生也要在教学活动中勇于表达自己的观点，尽情释放自己的才能。

（3）教师的合作者

教学是由“教”和“学”组成的，教师教授给学生知识，学生要学习知识，所以在教学活动中教师和学生两者缺一不可，缺少任何一方都不能称之为教学，教师和学生在教学活动中是搭档、是伙伴。学生不仅要在教学活动中配合教师，还要学会与他人合作，共同进步。

（4）反馈者

反馈者这一身份对于学生而言也是非常重要的。在学习英语知识时，当遇到不懂的知识点或者遇到不会的难题时，学生要及时找到教师进行反馈，如果觉得教师的教学方法存在问题，学生也可找到教师提出自己的建议，促使教师对教学方法进行改进，这样才能提高学生自身的英语学习能力。

（二）教学内容和教学方法

1. 教学内容

（1）语言知识

语言知识是英语综合能力的一个组成部分，同时也是语言学习和运用的重要基础。学生语言能力的提高必须以扎实的语言知识为基础。英语基础知识主要包括语音、词汇、语法、功能和话题等内容。这五个方面的内容并不是孤立的，而是相互影响、相互作用的。语音、词汇和语法（语言形式）可以在一定的话题中得到体现。学生在运用语言时，不仅要具备话题知识，还应掌握语言形式在一定话题中所具有的功能。只有当学生既掌握语音、词汇和语法，又具备语言功能和话题方面的知识时，才能在交际中恰当地运用语言。

（2）学习策略

学习策略为学科学习策略提供了理论基础和方法指导，而学科学习策略则是学习策略在具体学科中的实践和应用。英语学习策略就是指学生为了取得更好的英语学习效果而使用的不同策略。具体来讲，既包括学生为了更好地参与英语学习活动、完成英语学习的任务而采用的策略，又包括学生为了实现自己的学习目标而采用的学习策略。这样的定义并不是被所有人都接受的，不同的研究者对英语学习策略的认知不同，这也是在可以接受的范围之内的。准确地来讲，关于英语学习策略的定义至今没有统一。

学习策略也有广义与狭义之分，广义的学习策略包括宏观调控、计划、过程，甚至包括微观的做法或技巧。狭义的学习策略只包括宏观策略。这里所说的学习策略是广义的学习策略，但是与人们经常提到的学习方法有着本质上的区别。

使用学习策略其实就是进行学习管理与技巧协调的过程，学习方法则是针对具体的活动的开展使用的解决手段。为了进一步说明学习策略与学习方法的区别，可以以篮球运动为例进行说明，在打篮球的时候，球员会运用战术与技术，在一场篮球比赛中，球员会使用很多的技巧，如传球、扣篮等，这些都属于技术问题，要想取得比赛的胜利，不能只会这些技术，还要知道在什么样的情况下使用这些技巧，也就是说，要根据当时的实际情况决定使用什么样的技术，这就属于战术问题。

要想学好英语，道理也一样。知道在什么样的情况下使用什么样的技巧，怎样使用，这就是策略。在英语学习过程中如果碰到不认识的单词，学生会查字典，也可以通过具体的语言环境来推测，也可以直接向教师或者是同学寻求帮助，这些都属于具体的方法与技巧。就现实情况来看，就算学生掌握了很多的方法或者技巧，也不可能在遇到问题就使用所有的技巧。这些方法与技巧并不能在同一个时间段同时使用，学生只能选择其中一种或者几种使用，具体会选择哪种学习方法，要根据实际情况进行判断，进行判断的过程就是使用学习策略的过程。从某种意义上来讲，学习策略的使用就是对学习方法的选择与使用。

学习策略与学习方法的外显程度不同。有些学习策略会涉及计划、评价、目标设定等活动，这些活动大部分是在大脑中通过信息加工与处理完成的，是没有办法通过书面形式观察到的，这就是为什么英语教师很难了解到学生的学习策略的使用情况，即便是使用了一些教学设备也很难观察到学生学习策略的使用情况。学习方法就不一样了，学习方法是学生为了解决特定的学习问题或者是为了使学习过程更加有效所使用的具体方法与手段，与学习策略相比，学习方法的外显性更加明显，更容易通过观察获得。

学习策略还有一个重要的特征就是自觉性与目的性。学习策略是学生为了在大脑中产生的特定学习目的而采用的一系列的技巧。当涉及对已有技巧进行筛选、使用的情况时，教师要帮助学生学会选择，在必要的情况下对会影响自主学习的因素及时进行排除。在英语教学过程中，学生掌握一定的阅读技巧，有助于提高自身的阅读速度，提升学习效率。使用阅读技巧就是为了掌握文章的主旨，要想实现这样的学习目标，就要使用一定的学习策略，而略读的学习方法应用到英文文章阅读之中，应该是作为一名学生的潜意识。由此来看，学习方法的自觉性与目的性没有学习策略那么强烈。

综上所述，学习策略的内涵与使用范围要比学习方法的内涵与使用范围广泛得多，学习策略属于管理学习方法的层面。

（3）文化意识

大量的研究表明不同文化背景的人在学习策略的使用上会表现出明显的差异。文化对人的成长具有重要的意义，人从出生开始就使用某一种语言，也会受到这种语言文化的影响。从人类学的角度来看，人既属于“社会人”，也属于“文化人”。

在学习英语的过程中，学生必须了解英语背后的文化。学生选择英语学习策略时往往会受到学习观念的影响，而学习观念的形成又受到社会文化背景、受教育程度、生活经验等因素的影响。

“语言工具观”就是一个很好的例子。一般情况下，人们对语言内部系统或者规则更感兴趣，忽视了语言系统之外可以制约语言文化的因素，长此以往，这样的学习观念会将学生带向形式主义与功利主义，这也是在教学中教师需要注意的问题。学生不能将英语学习视为背单词、记语法，学习不是为了通过考试，也不是为了掌握一种“工具”，这样是不能实现真正的跨文化交流的。

教师可以通过文化观念引导学生选择有效的学习策略进行学习，降低不当的文化观念对学生学习过程产生的影响。只有学生自己意识到语言中文化的内涵的重要性时，他们才会主动采用适当的学习策略。与国外的学生相比，中国的学生可能没有那么多的机会使用英语，因此更有必要通过英语教学来提高学生的英语应用能力。教师就是帮助学生实现这一目标的主要推动力。教师要鼓励学生主动阅读英文的书籍、报刊，学会比较中英两种语言之间的差异，分享自己的学习经验。

即便是相同的文化背景的学生，在使用学习策略的方式上也会存在很大的差异，教师要注意到这一点，着重关注相同文化背景的学生在课堂上对学习策略的使用情况，并及时进行总结与分析。

2. 教学方法

英语教学方法的研究内容主要是英语教学理论和实践。在其他条件相同的情况下，因为教学方法不同，英语教学产生的教学效果也会有所不同。现代英语教学是一个多元化、多层次的体系。现代英语教学流派是英语教学的高级概念，指的是英语教学体系。它是研究英语教学的教学目的、教学内容等而形成的关于英语教学的一整套的科学规律体系。现代英语教学具有很多流派，理论也都各不相同，许多教学流派在过去的几十年里都在很大程度上影响了中国的高校英语教学。

第二节　高校英语教学的影响因素

一、教师的影响

古往今来，教师是学生的明灯，教师不仅要为学生传授知识，还要教学生为人处世的道理，使学生得到全面发展。传道、授业、解惑是一名教师的教育职责。教师在“传道、授业、解惑”的过程中不断地熏陶、感化、影响着学生。

教师是指从事教育事业活动的人。在学校中，教师对学生的影响是最大、最直接、最深远的。在高校英语教学中，教师起到的是主导作用。在英语教学课堂上，教师要为学生营造一种宽松的氛围，鼓励学生敢于质疑、提倡学术面前无权威，真理面前人人平等。这就要求教师既要以严谨的教学态度传授知识，教导学生举一反三，又要在学术研究和科研活动中勇于创新，为学生做表率，贯彻民主理念，在教学和科研活动中建立民主、平等的师生关系。

在教育改革的背景下，教师的角色有一定的改变。随着教育教学形势不断地变化和发展，传统老旧的教学方法已经随着时代的发展逐渐被淘汰。在信息化发展的今天，教师要想提升自己的教学技能，不仅要具备丰富的学科知识储备，还要具备教学研究能力和处理信息的能力。

高校英语教学要以学生为中心，注重培养学生的探究式学习能力，使学生能够个性化发展。一名合格的英语教师要具备正确的发音，因为只有这样才能确保学生在课堂上听到的内容都是正确的。教师还要随时调整自己的提问方式，激发学生的学习兴趣，提高学生的思考能力。一名合格的教师还要具备随机应变能力，当课堂上出现一些突发事件时能够很好地处理，保证课堂活动有序地开展。

总之，教师的目的就是采用不同形式的教学方法，调动学生的积极性，扩展学生的知识面，培养学生的学习能力，提高整体教学的效果。因此可以看出，在高校英语课堂中，教师既是学生的引导者，又是课堂的掌控者。

二、学生的个体差异

（一）语言潜能的差异

语言潜能最简单的定义就是，潜能是一种固定的天资。有这种能力的人，在语言学习方面可能会取得更快的进步。英国著名作家、数学家卡洛尔认为，语言潜能包括语音编码、解码的能力，即关于输入处理的能力；归纳性语言学习的能力，它是有关语言材料的组织和操作的能力；语言敏感性，它是从语言材料中推断语言规则的能力；联想记忆能力，它是关于新材料的吸收和同化能力。[①] 每个学生的语言潜能都存在差异。在英语教学过程中，教师应了解学生的语言潜能，做到因材施教，使之针对不同的学习任务在不同场合发挥各自的长处，以获得事半功倍的效果。

（二）情感因素的差异

1. 学习动机

动机是驱使人们活动的一种动因或力量。动机的功能可分为两种，即唤醒功能和指向功能。唤醒功能是指对于某一事件，具有动机的人比不具有动机的人唤醒水平要高；指向功能是指动机驱使人进行有指向性的活动。从教育心理学方面来看，学生的知识学习过程受到多种因素影响，如动力因素、认知因素和社会因素等。

学生能否成功学习的关键因素之一就是能否激发自身的学习动机。学习动机是维持学生学习活动的一种内部心理状态，学习动机能使学生的学习行为朝着一定的目标努力。只要具有足够的学习动机，学生就能主动去学习。

2. 性格

性格是指一个人对现实的态度和行为方式表现得比较稳定但又可变的心理特征，是学生重要的情感因素，也是决定其英语学习成功与否的关键因素之一。人的性格大体可以分为外向型和内向型两种。外向型的学生擅长交际方面的学习，因其喜欢交际，不怕出错，所以能积极参与英语学习活动，并在活动中寻求更多的学习机会；而内向型的学生在发展认知型学术语言能力上更占优势，因其善于利用沉静的性格从事阅读和写作。对教师来说，研究学生性格差异的最终目的是充分了解学生的个体差异和不同的心理状态，发挥不同性格学生的学习优势，因材施教，以获得更理想的教学效果。

---

① 余玲．文学翻译与大学英语教学 [M]. 中国原子能出版社，2019.

第三节　高校英语教学的现状

一、英语教学的发展概况

（一）教学模式单一

在一些高校的英语课堂中，还存在着教学模式单一、教学模式传统等问题。在英语课堂教学过程中，高校英语教师并不是课堂教学的中心，只是单一的英语知识的传授者，教师一般都采取单向的知识灌输的方式，忽视学生在学习过程中的主体地位。英语课堂教学缺乏互动，教学过程只是简单的重复，枯燥无趣、缺乏创新，课堂效率十分低下，无法调动学生学习英语的积极性和主动性，无法提高高校英语教师的专业化水平。

虽然多媒体技术不断发展，但一些高校英语教师依然沿用以前的教学模式和方法。他们没有跟随时代前进的步伐，没有满足教育改革浪潮下高校对英语教育改革的需求，没有树立现代化的教学理念，没有从根本上摆脱传统教学模式、教学思想的束缚。

高校英语教师应根据教育改革现状和学生发展的实际需求，有针对性地选择教学内容、教学模式，采取最适合学生的教学方法，开展课堂教学，突出学生在学习过程中的主体地位，激发学生学习英语的积极性，提高自身的教学水平。

（二）师资力量匮乏

近几年，部分高等院校的师资力量不足与招生规模迅速扩大之间的矛盾日益突出。一方面，该矛盾增加了在编教师的教学工作负担，以至于在一定程度上影响了教学质量的提高；另一方面，部分教师自身的业务素质亟待提升，教师业务水平与综合素质都不能满足学生的日常学习需要，并且难以适应教学工作，甚至有的教师还无法跟上改革教育的步伐。尽管很多院校采取了外聘教师的方式以对师资力量加以补充，但是这部分教师以在校硕博研究生为主，虽然学历水平较高，但缺乏教学经验，导致师资队伍不稳定。

（三）偏离教学目标

高校毕业生应了解国际规则，具有国际化视野和参与国际竞争的能力。要具备这些能力和素质首先需要了解并能运用外语，尤其是英语这种国际通用语。但是现阶段的高校英语教学和国际化人才的培养是脱节的。我国高校英语教学的教学目标定位不明确，一些院校的英语教学目标是使学生通过全国大学英语四、六级考试。大部分学生在通过全国大学英语四、六级考试后便不再学习英语。因此，学生在英语教学中学习到的英语知识并不能转化成技能辅助其学习和发展。

由于课程目标不明确，师资问题没有很好地解决，高校基础英语课程和专业英语课程之间缺乏有效的衔接和过渡，同时也因为缺乏对这类课程的有效评估和激励手段，将英语作为教学媒介的课程不但未能取得突破，其作用在有些学校反而还被削弱了。在部分高校，一些尝试以英语为教学语言的课程在实践和研究过程中碰到过各种各样的问题，因此高校有必要了解国内外其他地区和国家在双语教育方面的经验和教训。

二、英语基础知识教学现状

（一）语音教学现状

1. 对语音教学的内容和任务把握不够

在英语语音教学中，认识关注语音教学的教师有两种。一种教师关注英语语音、国际音标、英文字母和词汇发音等教学内容；另一种教师只关注国际音标、英文字母和词汇发音的教学，而不重视语流、语调、重音等教学内容。第一种认识是错误的，这种认识是英语教师对语音教学的教学内容认识不全面的表现；第二种认识会造成学生只会音标拼读和单词发音，但语调和语流上存在问题，最终导致口语不流利，甚至会因为语调问题使人不能听懂其口语。因此，英语的语音教学应包括国际音标、英文字母、词汇发音、语调、停顿和节奏。

2. 对语音教学认识不够

（1）对语音教学不够重视

语言是存在于语音这个基础上的，各种各样的人类语言可能不全都具有各自的文字，但一定都有各自的语音。对于我国高校学生而言，汉语是第一语言，除了汉语以外的语言是第二外语。在英语教学中，语言教学是英语教学的第一道难关。

因此，语音教学是英语教学的首要任务，教师在教授学生英语知识技能时，首先要开展语音教学活动。但在高校英语教学中，许多教师忽视了语音教学的重要性，从而导致了学生发音不标准等问题出现，如在发爆破音时发成送气音，短元音发成长元音等。教师如果在教学中不及时纠正学生的错误发音，那么在之后的学习过程中，学生就不能将词汇和发音联系起来，听到读音或看到词汇后不能做出正确的反应。

因此，可以看出，在高校英语教学中忽视语音教学就会使学生发音不标准，无法将读音和词汇建立联系。为了避免上述情况的发生，教师在英语教学中就要重视语音教学。

（2）缺乏对语音教学长期性的认识

在一些英语教师和学生看来，语音是英语教学中的基础知识，是初级阶段的英语学习内容，在高校阶段就不再需要学习语音知识。这种观点是错误的，英语的语音教学应始终贯穿于英语教学的所有阶段。如果高校教师忽视语音教学，就会造成一种现象，那就是年级越高，学生的发音越差。据调查，高年级学生的英语交际能力反而不如低年级学生，年级越高开口能力越差。这一现象主要是由于英语教师对语音教学认识不足造成的。因为，英语的发音需要长时间不断地练习才能够熟能生巧，所以教师在教学过程中还需要留意自己的发音是否规范，要对自己进行纠音和正调。

需特别注意的是，高校英语教学中语音教学的重点不是发音，而是要在语法教学、词汇教学和写作训练等具体的教学内容中加入语音教学，在具体的语境中对学生进行语音教学。

3．教师语音不标准

在教学活动中，教师是学生学习的唯一对象，并且学生会模仿教师的发音，所以英语教师发音的准确性对学生的语音学习有直接影响。但是，由于各个高校之间的办学条件和教学环境存在差异，部分英语教师也存在发音不够标准的问题，并且英语教师的发音也是不同的，有的教师的发音是英式的，有的英语教师的发音是美式的，甚至有的教师是将英式发音和美式发音混用的。这些问题都是导致学生无法学习标准英语发音的直接原因。

4．学生语音练习机会少

每个英语教学阶段的语音教学内容都是不同的，高校阶段的英语语音教学和中学阶段的英语语音教学任务侧重点也有所不同。在中学阶段，教师会用几节课的时间集中向学生讲授语音知识和发音技巧；在高校阶段，非英语专业的英语教学不会单独开设语音课，教师只是在英语综合教学中融入语音教学。这就造成了教师的语音教学时间不足，学生的语音练习时间更少的现象，这是英语语音教学中的一个大问题，也是影响学生语音学习效果的一个重要因素。

（二）词汇教学现状

1. 教学方法单一

要想熟练掌握一门语言，那就要有一定的词汇量，英语学习也不例外。词汇教学在英语教学中所占比重是最大的，词汇教学是英语教学的一部分，是英语教学的常见教学内容，对于大部分学生而言，词汇学习是最让人头疼的一部分学习内容。很多学生能够快速记住单词，但也会快速将其忘记，部分学生在背英语词汇时会选择死记硬背的方式，但是这种方式过于单调和枯燥，学生时常会因此放弃积累词汇。

一般教师在英语教学课堂上会使用教师领读、学生跟读、教师讲解词汇的词汇教学方法。这种方法单调乏味，学生在这种教学模式中处于被动地接受地位，不能发挥自身的主动性，容易产生排斥词汇教学的情绪，词汇教学也难以取得良好的结果。

因此，教师要改变讲解词汇的方式，选择高效的教学方法讲授词汇，发现学生的学习特征，这样才能充分调动学生学习的主动性，激发学生的学习兴趣，如教师在讲解词汇时可以在课堂上讲一些与词汇相关的故事来激发学生的想象力。

2. 忽视学生的主体地位

在任何学习活动中，学生都是居于主体地位的，学生的身心发展状况会对其学习效果产生直接的影响。从现代教育理论视角来看，如果能在教学活动中突出学生的主体地位，教学活动将会获得良好的教学效果。但在高校英语教学中，教师往往不注重学生的主体地位，在词汇教学中也不例外。教师在词汇教学中要注重全面培养学生的学习能力，如观察力、记忆力、想象力、思维能力及创造能力等。然而，在实际的教学活动中，教师如果只是一味地向学生灌输词汇知识，忽视学生的学习需要和学习兴趣，就会造成词汇教学效果不佳的问题。学生在高校阶段就已经有了一定的词汇积累，并且能够自主归纳词汇的规律。因此，在高校英语教学中教师应该将课堂的主导者角色交给学生，引导学生承担学习任务，培养学生独立思考的能力，让学生在学习过程中自主探索词汇规律和词汇学习方法。

3. 与实际生活联系不够

每个人都是独立的个体，人们无论是在日常生活中还是在学习过程中，会更加关心与自己有关的或是熟悉的事物。在英语词汇教学中，教师应利用好人的这一特点，将词汇教学更加生活化，建立起词汇教学与学生的学习和生活之间的联系，以提高学生的学习兴趣。

然而，在现实中，大多数教师都会忽视这一点，往往不会将词汇教学生活化，教师讲授词汇时一般会采用传统的教学方法，这种教学方法并不能激发学生的学习兴趣，也无法使学生把学习到的词汇和自己的学习生活联系到一起。这样就会降低学生的学习兴趣，因此不能获得良好的教学效果。

4. 构词缺乏系统性

虽然英语词汇的数量较多，但是每个单词的构成都是有规律的，学生如果能够掌握构词的规律也有助于英语词汇的学习。因此，教师在词汇教学课堂上应向学生讲授构词规律，系统地展开教学。系统性的词汇教学能够使学生将学习到的词汇联系起来，构建词汇体系，进而提高词汇教学的教学质量。但是目前我国高校英语教学中的词汇教学不具有系统性。

我国每个教学阶段的英语教材都存在一个共同特征，就是教学主题缺乏系统性，从小学到中学再到高校，每一本英语教材都很难只包含一个主题，都是包含多个主题，如历史文化、地方民俗、自然环境、社会发展、人物描写等。

一本教材中如果主题过多，其包含的词也就难以具有系统性，学生也就无法把握词汇之间的联系，从而不能找到词汇构成的规律，导致其在学习和记忆这些词汇的时候由于没有规律可循而效率较低。

（三）语法教学现状

1. 教学方法单一

英语语法教学没有太多的教学方法，目前主要的教学方法是教师的单一讲解，这种教学方法具体指教师让学生去记忆大量的词语、时态、句型等语法知识，这种教学方法对于学生学习英语语法是极为不利的。学生虽然在学习语法规则时能掌握其理论知识，但是不能实际运用，特别是几个语法现象共同出现时，学生会不知所措。因此，教师应使用不同的教学方法讲授语法，加深学生对语法的理解。

在语法教学中，无论使用怎样的教学方法来构建教学课堂，学生都会觉得很无聊，教师可以通过解释语法概念和应用实践教学方法来帮助他们快乐学习。但是如果教师一直使用这种办法，久而久之也会打击学生学习的积极性，而且会使学生产生叛逆心理，教学效果可能不明显。例如，在全国大学英语四、六级考试中，英语语法知识的考试并不占很大比例，学生在考试前经常做相关练习，通过做习题快速记住单词，所以对语法知识的学习态度更消极。

此外，过于单一的教学方法可能会阻碍学生综合能力的提升，同时也不利于学生灵活地运用所学的语法项目。这种情况下，学生可能会错误地认为他们在课堂上已经掌握了足够的知识，但当面对复杂的语法现象时，他们仍然会感到困惑和无所适从。

2. 教材与大纲不协调

教学活动是在教材的基础上开展的，教材质量会直接影响教学目标的实现和教学方法的选择。随着经济的发展，社会对人才的需求越来越大，对人才的要求也越来越高。高校英语教学使用的传统语法教材，已经不能满足日益增长的社会需求了。

因此，高校英语教学要想满足时代的发展需求，就要摒弃传统语法教材，选用交际语法教材并且要完善教学大纲，培养学生实际应用语法的能力。作为课堂教学的依据，教材质量直接影响教学目的的实现和教学方法的选择，并且，在我国部分高校中，语法教材与教学大纲的不协调制约了学生学习能力和实践能力的发展。为了避免这种不协调现象的出现，现在许多高校教师加入了研究语法教材的队伍中，将交际语法教学材料作为主要教材，取代传统语法教学材料，尽可能为学生提供一个良好的交际环境。

另外，国外的教材要求将传统语法大纲与功能概念大纲、结构大纲、语境大纲及语法部分在语境中的实践相结合。

3. 语法地位降低

在我国英语教学中，语法教学一度处于核心地位，甚至有人认为英语教学就是英语语法教学。然而，注重英语语法教学的教学模式存在一些弊端，一些学校摒弃了这种教学模式，主要有以下两种原因。

第一，有的人认为学生在学习英语之初就开始学习语法，在高校阶段不需要继续学习语法。

第二，试卷中不存在大量直接考查语法的问题，不需要学生花费大量时间和精力学习语法。因此，语法教学不被重视。

事实上，这两种观点都是片面的。

4. 学生语法运用能力差

学生应用语法能力差的具体表现为学生虽然掌握了大量的语法知识，但是实际的交际技能比较差。传统英语教学注重讲授语法知识，在高校阶段的英语教学中，教师仍然使用传统的教学方法进行教学，即教授语法知识、词汇知识，做练习题，借助于大量的讲解和应用加深学生对基础知识的理解。这就导致学生只是单纯地掌握了大量的语法知识，但是实际的交际技能比较差，在应用语法的过程中会出现很多错误，以至于学生学习了大量的语法规则，但不能在实际的交流中进行应用。学生语法运用能力差主要体现在以下几个方面。

（1）缺乏语法的敏感度

英语语法使用也有敏感度要求，敏感度不足时，学生所作的英语文章中会出现语法错误，或者错误问题得不到解决，这与学生平时的学习习惯有关系。增加阅读量是提高语法敏感度的有效手段。分析当代高校英语语法教学中存在的问题，有利于深化教师对英语语法教学的宏观认知，为英语教学改革提供前提。

（2）学习方法不够科学

学生获得语法知识的过程通常是一个被动学习的过程。由于语法规则较多，知识信息存储困难，因此学生难以形成完整的英语学习系统。学生的语法学习主动性差，缺乏相应的科学学习方法，也是当前语法教学中的一个重要问题。

（3）缺乏系统的学习理论

对于一些零碎的概念和知识点，一部分学生可能印象深刻，但是与比较复杂的语法内容联系起来时，则不能详细叙述其具体内容和应用时应该注意的事项。显然，大多数学生没有意识到他们语言技能的不足，没有建立起一个完整的语言学习框架。

（4）不正确的学习方法

学生往往采用死记硬背的学习方法，依靠记忆和背诵的学习方法进行英语学习。虽然这种学习方法可以帮助其记住一些固定的或模式化的句子，但是却不能把这些分散的知识点整合成一个知识网络和一个框架，这不利于激发学生学习的动力。

三、英语技能教学现状

（一）听力教学现状

1. 教学模式程式化

听力教学的具体表现是教学模式程式化，这种教学模式主要表现为学生在听完听力后，教师给出正确的答案。这种教学模式又被称为机械化教学模式，这种教学模式对学生学习听力的意义不大，并且在这种教学模式中教师也无法及时发现学生在听力中存在的问题，不能使学生对听力材料进行整体理解，教师的教和学生的学都带有盲目性，教师运用这种教学模式只是为了完成教学任务。

2. 听力时间不足

在英语考试中，听力部分会占用总体考试时间的四分之一，可以看出听力在英语教学中的重要性。英语听力教学需要教师花费大量时间来训练学生的听力能力，如果教师在课堂上没有花费大量时间引导学生去做听力练习，那么学生在课下也不会主动练习听力，学生练习听力依赖于课堂练习。

但由于教学课堂时间有限，教师并不能将大量的教学时间留给听力教学，这就产生了学生练习听力时间不足的问题。而听力是一种技能，需要经过长时间的练习才能得到提高，这就与听力练习时间不足构成了一组矛盾。

3. 教材现状不佳

听力教学活动的组织和安排都离不开听力教材，但是听力教材质量参差不齐，有质量高的听力教材，也有质量低的听力教材。听力教材质量的好坏是影响学生听力能力的直接因素，高质量的听力教材能够提高学生的文化素质，开阔其视野；低质量的听力教材会阻碍学生听力能力的发展，并且不利于教师的教学工作。现阶段我国一些高等院校仍在使用编排不合理的听力教材，这些落后的教材既不能满足当今社会对于英语听力教学的需求，也无法体现新兴的教学观念和教学方法。

（二）口语教学现状

1. 教学方法滞后

在传统英语教学中，我国各大高校是非常注重英语语法教学和英语阅读教学的，对口语教学关注度相对不高。即使在教育改革后，英语口语的教学观念和教学方法也是相对落后的。

目前我国一些高校采取的口语教学方法是“讲解 + 练习”，这种教学方法是教师先讲解口语知识，随后发放相关习题给学生，让学生进行知识应用。学生在没有任何语境的前提下做练习是没有意义的，这种教学方法也不能帮助学生提高口语能力。同时，这种教学方法忽视了学生在教学活动中的主体地位，不能激发学生的学习主动性，不利于口语教学获得良好的教学效果。

2. 课时不足

高校英语教学中的口语教学和听力教学存在一个相同的问题，即课时不足，因为在高校英语教学课程体系中并没有单独的口语教学课程，有的教师会在课堂上训练学生的口语，但是不会占用太多时间，这也就使口语教学的时间无法保证。但学生口语能力的提高需要做大量的实践，因此，口语教学时间不够充足对学生口语能力的提高产生了直接的影响。

3. 缺乏配套教材

有调查显示，适用于非英语专业的高校英语口语教材十分少见。大多数英语教材都将口语训练当作听力训练的延展而附在听力训练之后，且内容简短、缺乏系统性。这就很容易使教师和学生轻视口语的教与学。尽管市场上也有一小部分口语教材，但实用性不强。这些教材要么是专门针对某一专业、领域的口语教材，难度太大；要么是有关简单的问候、介绍和谈论天气的教材，过于简单。这些教材都难以担当辅助口语教学的重任。

4. 学生口语能力差、心理压力大

我国学生在学习英语口语时会受到汉语的影响，进而产生各种问题，如有的学生受汉语影响而发音不准确，影响实际交流；有的学生的英语口语发音带有地方口音，使受话者不明其意；有的学生的口语表达中语调和重音的使用不准确，从而使口语表达不够准确。

此外，由于学生的口语练习不足，学生学习到的语法和词汇等知识难以运用到实际的口语表达中。我国的英语教学将语法教学和阅读写作教学作为教学重点，口语教学得不到应有的重视。这就致使学生的口语练习不足，口语基础差，在之后的口语学习中对其有畏惧心理。

（三）阅读教学现状

1. 教学观念有误

我国的英语教学一直将阅读教学作为教学重点，但高校的英语阅读教学存在以下两个问题。

（1）将阅读教学等同于词汇教学、语法教学

教师在英语阅读教学中常常重点讲授个别词汇的用法或是讲授个别语法知识，而正确的阅读教学的教学模式应该包括讲解词汇、分析语句和给出标准答案。正确的教学模式注重培养学生对阅读材料的整体理解能力和在阅读材料中提炼信息的能力。

形成这一现象的根本原因是教师不具备正确的阅读教学的教学观念。教师对于阅读教学的教学目标的认识比较模糊，致使阅读教学的主要内容成了词汇教学和语法教学，学生不能通过阅读教学获得真正的阅读能力。

（2）将阅读速度等同于阅读能力

一些教师认为，学生阅读速度变快了就意味着其阅读能力提高了，并据此来开展教学活动。事实上，这一观点是错误的。有些学生阅读速度虽快，但理解不到位；有些学生阅读速度慢，但理解也不好。因此，阅读速度和阅读能力没有必然联系。阅读速度应根据阅读目的来确定，配合一定的阅读技巧来实现。例如，

题目要求只掌握阅读材料的大意时，学生可以只浏览整篇材料，不必逐字逐句地仔细阅读；题目要求掌握阅读材料中的具体细节时，学生可先浏览全文确定具体细节的位置，再仔细阅读这一部分。

2. 课程设置不合理

有些学校、教师错误地认为阅读教学是英语教学的附属品，因而对阅读教学的教学目标、教学计划不甚在意，阅读教学的课时、课程设计、师资力量及教学组织得不到保证，直接影响了阅读教学的效果。此外，阅读教学中的精读训练和泛读训练的分配不合理，一些高校的英语教学中安排的精读训练比较多，泛读训练则比较少。这种侧重于精读训练的阅读教学深化了教师和学生认为阅读教学就是词汇教学和语法教学的错误认识。因此，学生的阅读能力得不到提高。

第二章　高校英语教学模式的理论基础

本章共三节，分别为建构主义理论及其内涵、任务型语言教学的原则与方法及教学系统设计优化的理念与方法。具体而真切地介绍了高校英语教学模式的理论基础，促进了高校英语教学模式的发展。

第一节　建构主义理论及其内涵

随着社会经济的发展和科学技术的进步，人类进入了信息社会。信息社会提出了新的人才培养要求，同时也为教育的发展提供了新的机遇和有利条件。由于计算机、多媒体和互联网的普及，人们可以获得的教学资源越来越丰富，现代信息技术应用在教育和教学领域的重要性日益被人们认识。20 世纪 90 年代至今，随着多媒体和互联网技术的迅猛发展，建构主义的学习理论与教学理论在西方日渐风行。建构主义学习理论主张以学生为中心，强调学生是信息加工的主体，是知识意义的主动建构者；主张知识不是由教师灌输的，而是由学生在一定的情境下通过协作、讨论、交流、互助等学习方式，并借助必要的信息资源主动建构的。在建构主义学习环境下，"探索式""发现式"与"合作式"的学习过程是学生掌握学科内容的基本途径，是以学生为中心的教学模式的基本教学形式，也可以运用在高校英语的教学中。

计算机、多媒体和互联网络等现代信息技术成为建构主义学习环境下的理想认知工具，能有效地促进学生的认知发展。随着计算机、多媒体和互联网等现代信息技术在教育领域的广泛应用，建构主义学习理论正越来越显示出其强大的生命力，并且其影响力在世界范围内日益提升。建构主义之所以能在 20 世纪 90 年代得到迅速推广，主要是因为计算机、多媒体和网络技术等现代信息技术为建构主义学习环境的创设提供了最理想的条件；而建构主义学习理论与教学理论则为多媒体和互联网在高校英语教学中的广泛应用，以及以学生为中心的高校英语教学模式的推广提供了坚实的理论基础。建构主义教育理论的应用，有利于实现信息技术与课程的整合，能够将以计算机及网络为核心的信息技术作为教学环境的创设工具和促进学生学习的认知工具应用到各学科教学过程中。这就有利于将各种教学资源、教学要素和教学环节进行重新建构，相互融合，进而提高教学质量，促进传统教学方法的变革。

近年来，我国一些学者对建构主义教育理论做了比较系统的研究，主要是研究如何在建构主义理念下改革我国传统的以教师为中心的教学模式，打破传统的教育体制，提高教学质量和效率，培养学生的发现性思维和批判性思维，发展学生的实践能力和创新能力。

与此同时，我国教育界以建构主义教育理念为指导，进行了大量的实践和探索。以建构主义教育思想为基础的教育技术实验已在全国数百所学校展开，获得了广泛的称赞和支持。建构主义作为外来的思想体系，必然会经历一个本土化的过程，需要在实践中进一步检验和完善，以适应我国特殊的文化教育环境。所以，笔者认为有必要对这一教育理论进行认真的总结和分析，更深入地探讨如何将建构主义理念更加合理、恰当地用于我国教育改革的实践中，促进高校英语教学发展，改变传统的教学模式和人才培养模式，推进我国教育改革的进程。

一、建构主义的思想渊源

建构主义学习理论是行为主义发展为认知主义之后的进一步发展。从行为主义视角来看，学习就是通过强化建立刺激与反应之间的联结；教师的目标在于给学生传递客观世界的知识，学生的目标是在这种传递过程中达到教师所确定的目标，得到与教师完全相同的理解；而行为主义者忽视了在这种传递过程中学生理解和认知的心理过程。信息加工的认知主义者与行为主义者的不同之处在于，认知主义者强调学生内部的认知过程，发现了已有知识在新知识获得中的作用。需要注意的是，信息加工论仍然假定信息或知识是事先以某种形式存在的，个体首先必须接受它们，才能对其进行认知加工。即使肯定了已有经验对于新知识加工的影响，但也基本不把这种影响过程当作新旧经验的反复的、双向互动的过程，认为教学的目标就在于帮助学生把外界客观事物（知识及其结构）内化为其内部的认知结构。

建构主义是认知主义的进一步发展，在认知论创始人皮亚杰的思想中就蕴含了建构的思想。皮亚杰认为，知识既非来自主体，也非来自客体，个体是在与周围环境相互作用的过程中，逐步建构起关于外部世界的知识，从而使自身认知结构得到发展。[①] 个体与环境的相互作用涉及同化和顺应两个基本过程，其中，“同化”是指把外部环境中的有关信息吸收进来并融合到个体已有的认知结构中，即个体把外界刺激所提供的信息整合到自己原有认知结构内的过程；“顺应”是指外部环境发生变化，而原有认知结构无法同化新环境提供的信息时引起的个体认知结构发生重组与改造的过程，即个体的认知结构因外部刺激的影响而发生改变的过程。可见，同化是认知结构数量的扩充，而顺应则是认知结构性质的改变。个体就是通过同化和顺应这两种形式来与周围环境保持平衡的。

20 世纪 70 年代末，以布鲁纳为首的美国教育心理学家将苏联教育心理学家维果茨基的思想推广到美国后，对建构主义思想的发展起了极大的推动作用。维果茨基强调，个体的学习是在一定的历史、社会文化背景下进行的，社会可以为个体的高级心理机能的发展起到重要的支持和促进作用。他特别强调活动和社会交往在促进人的心理发展中的作用。在他的观点里，高级的心理机能源于外部动作的内化，这种内化不仅可以通过教学实现，还可以通过日常生活、游戏和劳动等来实现。另外，内在智力动作也可以外化为实际动作，使主观见之于客观。内化和外化的桥梁便是人的活动。维果茨基区分出了个体认知发展的两种水平：现实的发展水平和潜在的发展水平。现实的发展水平，即个体独立活动所能达到的水平，而潜在的发展水平则是指个体在成人或比他成熟的个体的帮助下所能达到的活动水平。这两种水平之间的区域，即最近发展区。上述这些观点都对建构主义有很大的影响，为我国高校英语教学提供了借鉴。

美国实用主义哲学家杜威的经验性学习理论也对建构主义产生了重要影响。杜威强调，教育必须建立在经验的基础之上。教育的实质就是经验的生长和经验的改造，学习就是在经验中、由于经验和为着经验的一种发展过程。学生从经验中发现问题，并由问题推动着去探索新知识、产生新观念。从现实来看，建构主义是针对传统教学的诸多弊端而提出的。在传统教学中，学生习得的知识存在不完整、不灵活等缺陷，无法在需要的时候加以运用，也无法在新的情境中有效迁移。

上述心理学理论以教育学思想和现实的需要为基础，建构主义走向了与客观主义的对立面。它强调意义不是独立于主体而存在的，个体的知识是通过人的主观能动性建构起来的，对事物的理解不是简单地由事物本身决定的，人是在原有知识经验基础上完善自己对现实世界的理解的。不同的个体由于原有经验的不同，对同一事物的理解不同，因此学习应该是一个积极主动的意义建构和社会互动过

① 皮亚杰．皮亚杰教育论著选 [M]．卢濬选，译．2 版．北京：人民教育出版社，2015.

程。教学并不是把新知识经验从外部装到学生的头脑之中，而是要引导学生从原有的经验出发，建构起新的经验，这对高校英语的教学产生了一定的影响。这一知识建构的过程，常常需要通过社会互动才能完成。

二、建构主义学习理论的不同类型

建构主义本身并不是一种学习理论流派，而是一种学习理论思潮。目前它仍然处于不断发展的过程中，在现有的各种建构主义思潮中，对教育实践具有较大影响的主要有以下四种理论。

（一）激进建构主义

这是在皮亚杰思想基础上发展起来的建构主义，以格拉塞斯费尔德和斯特菲为代表。激进建构主义有两条基本原则：第一，知识不是通过感觉被个体被动地接受的，而是由认知主体主动地建构起来的，建构是通过新旧经验的相互作用而实现的；第二，认识的机能是能适应个体经验世界的，帮助个体组织经验世界的，而不是去发现本体论意义上的现实的。激进建构主义者相信，世界的本来面目是人们无法知道的，而且也没有必要去推测它，人们所知道的只是人们的经验。所以在格拉塞斯费尔德看来，应该用“生存力”来代替“真理”一词，只要某种知识能帮助我们解决具体问题，或能提供关于经验世界的一致解释，那它就是适应的，就是有生存力的。为了适应不断扩展的经验，个体的图式会不断进化。图式相当于存在人脑中的经过抽象化和概念化的背景知识结构，是一种储存信息的单位。[①] 所有的知识都是在这种个体与经验世界的对话中建构起来的，而这要以个体的认知过程为基础。激进建构主义以这些思想为基础，深入研究概念的形成、组织和转变，其研究之深入在各种建构主义思想中是独一无二的，但这种建构主义主要关注的是个体与其物理环境的相互作用，对学习社会性的一面则重视不够，也不能给高校英语教学提供很好的借鉴。

（二）社会建构主义

与激进建构主义不同，社会建构主义是以维果茨基的理论为基础的建构主义，以鲍尔斯费尔德和科布为代表。它也在一定程度上对知识的确定性和客观性提出了怀疑，认为所有认识都是有问题的，没有绝对正确的观点，但它又比激进建构

① 侯晓慧．图式激活理论在高职英语听力焦虑教学中的应用研究[J]．山西青年，2021（16）：137－138．

主义稍微温和一些。它认为世界是客观存在的，对每个认识世界的个体来说是共通的。知识是在人类社会范围内建构起来的，又在不断地被改造，以期尽可能与世界的本来面目相一致，尽管永远无法达到完全一致。另外，它也把学习看成个体建构自己的知识体系的过程，但它更关心这一建构过程的社会性的一面。社会建构主义认为知识是个体与物理环境相互作用内化的结果，并且，在此过程中，语言等符号具有极为重要的意义。学生在自己的日常生活、交往和游戏等过程中，形成了大量的个体经验，这可以被称为“自下而上的知识”。它从知识的具体水平向知识的高级水平发展，具有理解性和随意性，然后逐渐在人类的社会实践活动中形成了公共文化知识。在个体的学习中，这种知识首先以语言符号的形式出现，由概括领域向具体经验领域发展，所以也可以称为“自上而下的知识”。儿童在与成人或比他成熟的社会成员的交往活动（特别是教学活动）中，在他们的帮助下，解决自己还不能独立解决的问题，不能理解体现在成人身上的“自上而下的知识”。然后，儿童以自己已有的知识为基础，使之获得意义，从而把“最近发展区”变成现实的发展。从社会建构主义视角来看，上述过程是儿童知识经验发展的基本途径。

（三）社会文化建构主义

社会文化建构主义与社会建构主义有很多相似之处，它也受到了维果茨基的影响，也把学习看成建构过程，关注学习的社会方面。但它又与后者有所不同，它认为心理活动是与一定的文化历史和风俗习惯背景密切联系在一起的，知识与学习都是存在于一定的社会文化背景中的，不同的社会实践活动是知识的来源。所以，它着重研究不同文化、不同时代和不同情境下个体的学习和问题解决等活动的差别。社会文化建构主义借鉴研究文化人类学的方法，研究一定文化背景下的个体为达到某种目的而进行的实际活动，并认为这些实际活动是以一定的社会交往、社会规范、社会文化产品为背景的；个体以自己原有的知识经验为基础，通过一系列的活动，来解决各种问题，最终达到活动的目标；学习应该像这些实际活动一样展开，在为达到某种目标而进行的实际活动中，解决遇到的实际问题，从而学习某种知识；学生在问题的提出及解决过程中都处于主动地位，而且在其中可以获得一定的支持，会对高校英语教学产生积极的影响。这种观点提倡师徒式（又称为“学徒式”）教学，就像工厂中师傅带徒弟那样去教学。

（四）信息加工建构主义

信息加工理论不属于严格意义上的建构主义。它认为认知是一个积极的心理加工过程，学习不是被动地形成“刺激—反应”联结的过程，而是一个信息的选择、加工和存储的复杂过程。从该意义上来看，信息加工理论比行为主义更先进。但是，信息加工理论假定信息或知识是事先以某种形式存在的，个体必须首先接受它们才能进行认识加工，那些更复杂的认识活动也才得以进行。虽然信息加工理论指出了已有的知识在新知识获得中的作用，但它只是强调原有知识经验在新信息的编码表征中的作用，而忽略了新经验对原有知识经验的影响，这会使高校英语的教学产生一定的弊端。

新经验意义的获得要以原有的知识经验为基础，形成新的信息，而原有经验又会在此过程中被调整或改造。但这种观点并不接受“知识仅是对经验世界的适应”的原则，所以信息加工建构主义也往往被称为“温和建构主义”。斯皮罗等人的认知灵活性理论就是一种这样的建构主义。

客观地说，建构主义不仅是一种心理学思潮，更是一种哲学、文化学和教育学的取向，因此也有学者将建构主义划分为哲学建构主义、社会学建构主义和教育学建构主义。由于不同的建构主义者所持的建构主义理念有所不同，也有学者将其划分成激进建构主义和温和建构主义。不过，在教育心理学领域，更多的学者主张将建构主义划分成认知建构主义和社会建构主义两大类，其中，认知建构主义也称个人建构主义，强调个体自身在知识建构中的作用，主要以皮亚杰的发生认识论为基础，包括格拉塞斯费尔德的激进建构主义和斯皮罗等人的认知灵活性理论等；社会建构主义也称文化建构主义，强调社会互动、历史文化在个人知识建构过程中的重要作用，主要以维果茨基的社会历史观为基础，包括上述的社会建构主义、社会文化取向和情境认知等。

三、建构主义学习理论的基本观点

虽然不同的建构主义理论在具体观点上有较大的差异，但是它们在有关知识、学生、学习和教学等基本问题上的观点还是存在一些共识的。下面我们就来探讨建构主义学习理论中形成的共识与基本观点。

（一）知识观

建构主义者在一定程度上质疑知识的客观性和确定性，强调知识的动态性，这主要体现在以下三个方面：第一，知识不是对现实的准确表征，只是一种解释、一种假设，知识不是问题的最终答案，它会随着人类的进步而不断地被“革命”，并随之出现新的假设；第二，知识并不能精确地概括世界的法则，不能“拿来便用，一用就灵”，而是需要针对具体情境进行再创造；第三，知识不可能以实体的形式存在于具体、个体之外，尽管人们通过语言符号赋予了知识一定的外在形式，甚至这些命题还得到了较普遍的认可，但这并不意味着学生会对这些命题有同样的理解。因为这些理解只能由个体基于自己的经验背景而建构起来，取决于特定情境下的学习历程，在高校英语的学习中也是如此。

建构主义的这种知识观虽然过于激进，但它向传统的教学和课程理论提出了挑战，值得人们深思。按照这种观点，课本知识只是一种关于各种现象的、较为可靠的假设，而不是解释现实的“模板”。科学知识包含真理性，但不是绝对正确的最终答案，它只是对现实的一种相对正确的解释，更重要的是，这些知识在被个体接受之前，对个体来说是毫无权威可言的。因此，在高校英语的教学中，不能把知识作为预先决定了的东西教给学生，不要将人们对知识正确性的强调作为让个体接受它的理由，更不能用科学家、教师、课本的权威来说服学生；学生对知识的接受只能靠他自己的建构来完成，以他自己的经验、信念为背景来分析知识的合理性。学生的学习不仅是对新知识的理解，还是对新知识的分析、检验和批判。另外，知识在各种现实情况下的应用并不是简单套用，具体情境总有自己的特异性。所以，学生学习知识不能满足于教条式的掌握，而是需要不断深化，把握它在具体情境中的复杂变化，使学习走向“思维中的具体”。

（二）学生观

建构主义者完全否定心灵白板说，强调学生经验世界的丰富性和差异性。建构主义者强调，学生并不是空着脑袋走进教室的。在日常生活中，在以往的学习中，他们已经形成了丰富的经验。小到身边的衣食住行，大到宇宙、星体的运行，从自然现象到社会生活，学生都有一些自己的看法，而且有些问题即使他们还没有接触过，没有现成的经验，但当问题呈现在面前时，他们往往可以基于相关的经验，依靠他们的推理和判断能力，形成对问题的某种解释。并且，这种解释并不都是胡乱猜测，而是从他们的经验背景出发，做出的合乎逻辑的假设。

为此，高校英语的教学不能无视学生的先前的经验，另起炉灶，从外部装进新知识，而是要把学生现有的知识经验作为新知识的生长点，引导学生从原有的知识经验中“生长”出新的知识经验。教学不是知识的传递，而是知识的处理和转换；教师也不是简单的知识呈现者，他应该重视学生自己对各种现象的理解和想法，倾听他们的意见，洞察他们这些想法的由来，并以此为根据，引导学生丰富或调整自己的理解。这不是简单的“告诉”就能奏效的，而是需要与学生共同针对某些问题进行探索，并在此过程中相互交流和质疑，了解彼此的想法，从而做出某些调整。同时，由于经验背景的差异，学生对问题的理解常常存在差异，他们可以在一个学习的共同体中相互沟通、相互合作，对问题形成更丰富的、多角度的理解。因此，学生经验世界的差异本身便构成了一种宝贵的学习资源。教学就是要增进学生之间的合作，使学生看到那些与自己不同的观点，从而促进自身学习能力的提升。

（三）学习观

以上述知识观和学生观为基础，建构主义理论进一步认为，学习的过程具有以下三个基本特点。

1. 主动建构性

建构主义认为，学习不是知识由教师向学生的传递，而是学生自己建构知识的过程；学生不是被动的信息接收者，而是信息的主动建构者，这种建构不能由其他人代替。这就意味着学习是主动的，学生不是被动的刺激接受者，而是要对外部信息进行主动的选择和加工的人，因此，学习的过程不是行为主义所描述的“刺激—反应”过程。而且，知识或意义也不是简单地由外部信息决定的。外部信息本身没有意义，意义是学生通过新旧知识经验间反复的、双向的相互作用过程而建构成的。其中，在高校英语的学习中，每个学生都以自己原有的经验系统为基础对新的信息进行编码，建构自己的理解，而且原有知识又因为新经验的进入而发生着改变，所以学习并不是简单信息的积累，它同时包含由于新旧经验的冲突而引发的观念转变和结构重组；学习过程并不是简单信息的输入、存储和提取，而是新旧经验之间相互作用的过程。因此，建构主义与认知主义的信息加工论有所不同。

2. 社会互动性

传统的观点把学习看作每个学生单独在头脑中进行的活动，往往会忽视学习活动的社会情境，或者将它仅仅看作一种背景，而非实际学习过程的一部分。建构主义者强调，学习是通过某种社会文化的参与而内化相关的知识和技能。掌握有关的工具的过程。这一过程常常要通过一个学习共同体的合作互助来完成。学习共同体的主要特征有：一是强调共同体各个成员具有的多元化的知识、技能优势，这可以使每个人都对团体目标做出有价值的贡献，从而得到认可和尊重；二是共同体有共同的目标，即围绕共同关注的问题推动集体性知识的持续发展，而不是个人的知识、技能的习得；三是在学习活动上强调个人发展与共享性的知识建构活动的统一，强调成员之间知识、技能的共享和综合，强调学习资源的共享，强调成员之间实现学习过程的透明化；四是强调学习共同体对学习过程的自我管理，而非教师的主导性控制。教师作为学习共同体的组织者、促进者，其核心责任是设计和组织以学习共同体为核心的学习活动。

建构主义的学生观认为，学习共同体的协商、互动和协作对知识建构有重要的意义，这主要体现在以下三个方面，一是智慧的分布和共享。通过小组协作的形式对活动任务进行分解，每个小组成员负责不同方面的子任务，这样学习小组就可以共同进行单个学生无法完成的复杂探究任务。围绕某个探究主题，小组中的每个学生都成为某方面的“专家”，他们彼此交流探究成果，分享经验感受，共同完成集体任务，达到共同建构知识的目的。二是认知整合和思想改进。通过协作互动，学生可以表达自己多元化的理解，在学习共同体中进行交流争论，从而进行观点整合和思想改进。这有助于培养学生深入思考和批判性反思的习惯，帮助他们建构起更深层次的知识。三是思维的外显化和精致化。为了和他人交流、共享自己的想法，学生必须先将自己的思路及观点明确化，并提供足够的证据来支持自己的观点，进行自我解释。这样，学生的知识和思维策略都被外显化和精致化了，有利于提高学生的思维能力和学习活动质量，推动高校英语教学发展。

3. 情境性

传统的教学观念对学习基本持“去情境”的观点，认为概括化的知识是学习的核心内容，这些知识可以从具体情境中抽象出来，让学生脱离具体物理情境和社会实践情境进行学习，而学生习得的概括化知识可以自然地迁移到各种具体情境中。但是，情境总是具体的、千变万化的，抽象概念和规则的学习无法灵活适应具体情境的变化，因而学生常常难以灵活使用在学校中获得的知识，难以有效地参与社会实践活动。据此，建构主义提出了情境性认知的观点。

建构主义认为，知识是不可能脱离活动情境而抽象地存在的，学习应该与情境化的社会实践活动结合起来，对高校英语的教学也应如此。这主要体现在如下三个方面，一是知识存在于具体的、情境性的、可感知的活动之中。概念知识不是一套独立于情境的知识符号，它只有通过实际应用活动才能真正被人理解。二是人的学习应该与情境化的社会实践活动联系在一起，就如同手工作坊中师傅带徒弟一样。学生通过参与某种社会实践而逐渐掌握有关的社会规则、工具、活动程序等，形成相应的知识。在实践情境中生成的实践性知识是现实世界最强有力的智慧，该知识体现在实践共同体成员的活动和文化之中，学生通过参与该共同体的社会实践而逐渐拥有这种知识。三是学习和理解的关键是形成对具体情境中的“所限”和“所给”的调适，即学生能理解该情境中的限制规则，理解在社会互动和实践活动中存在的“条件—结果”关系，从而能对自己的活动过程及其结果做出预测。

四、建构主义教学理论

建构主义教学理论以建构主义学习理论的基本观点为基础。建构主义教学理论主要包括以下内容。

（一）教学观

由于知识的动态性、相对性，以及学习建构过程的特殊性，教学不再以传递客观而确定的知识为主要任务，而是将激活学生原有的相关知识经验，促进其知识经验的“生长”作为主要内容，以期实现学生知识经验的重新组织、转换和改造。在高校英语的教学中，教师要为学生创设理想的学习情境，激发学生的推理、分析、鉴别等高级的思维活动，同时给学生提供丰富的信息资源、处理信息的工具及适当的帮助和支持，促使他们建构意义。基于建构主义的观点，研究者提出了许多新的教学思路，如情境性教学、支架式教学及合作学习等，这些教学模式对数学、科学和语言等领域的教学实践产生了巨大影响。建构主义者对学习和教学进行了新的解释，强调知识的动态性，强调学生经验世界的丰富性和差异性，强调学习的主动建构性、社会互动性和情境性。学生是自己的知识的建构者，教学需要为其创设理想的学习环境，促进学生的自主建构活动顺利开展。

（二）教学原则

建构主义理论强调以学生为中心，不仅要求学生由外部刺激的被动接受者和知识的灌输对象转变为信息加工的主体、知识意义的主动建构者，还要求教师由知识的传授者、灌输者转变为学生主动建构知识意义的帮助者、促进者，这样可以使高校英语教学更好地进行。在建构主义学习环境下，教师和学生的地位与作用和传统教学相比发生了很大变化。建构主义理念下的教学原则可以概括为以下几个方面的内容：第一，在课堂教学中使学习任务与日常活动、实践的内容一致；第二，精心设计学生学习的情境，使学生在学习结束后能解决相似情境中出现的问题；第三，给予学生解决问题的自主权，教师的作用是激发学生的思维，培养他们独立解决问题的能力；第四，支持学生对学习内容与学习过程进行反思，培养其怀疑和批判的能力，鼓励学生在社会背景中验证自己的观点，发展学生自我管理的能力，促使学生成为自主的学习者。

（三）教学设计

建构主义理念下的教学设计，特别注重以下几个方面的内容。

1.强调学生的主体地位

建构主义强调以学生为中心，认为学习过程要充分发挥学生的主体性、主动性和创造性。因此，教师在高校英语的教学中要创造机会、安排时间让学生进行深入探讨，不断修正自己对问题的认识，引导学生运用他们现有的知识和技巧去思考问题、解决问题。

2.强调知识意义的主动建构

建构主义教学理念反对把学生看成知识的被动接收者，反对在教学中应用以讲授为主要形式的传统教学方式，强调学生对知识的主动建构。因此，建构主义强调以学生为中心的学习环境的构建，目的是充分调动学生在学习中的积极性和主动性，培养学生的自主学习能力，以及独立分析问题和解决问题的能力。

3.强调学习情境的创设

建构主义认为知识意义的建构不可能凭空产生，它以丰富的学习情境为载体。学习情境既能通过教师精心地构建获得，也可以源于现实世界，学生可以在实际的环境或模拟的环境中去实现知识意义的建构。在高校英语的教学中，情境教学能启发学生利用自己已有的知识结构中的经验去理解、同化和建构新的知识，赋予新的知识以某种意义。当原有经验不足以同化新知识时，更需要创设新的学习情境，令学生能对原有的认知进行改造与重组，以顺应认知结构，完成新的知识意义的建构。

4.强调学生之间的协作和会话

建构主义教学理念认为，学生与学习环境的交互作用，对于其理解学习内容起着关键的作用。这种交互作用包括学生与情境、学生与教师、学生与学生之间的互动。因此，在高校英语教学中，教师应当创造条件在教学中开展交流和讨论活动，使各小组内的成员能够共同分析信息、研究问题，在小组活动的基础上，进一步组织小组之间的交流与协商。同时，在教学过程中教师要注意营造合作学习的氛围，让整个学习群体（包括教师和每一位学生）共同完成所学知识意义的建构，调动每一位学生的积极性和主动性，高效率地完成教学内容，这对学习技能较弱的学生会起到很好的激励作用。

（四）教师的角色定位

在建构主义教育理念下的教学活动中，教师会把学生当作教育活动的主体，同时也会把他们当作学习活动的主体。教师在教学中主要发挥以下作用：第一，教师是知识的传播者，学习的设计者、组织者和指导者；第二，教师是学生学习活动中的合作伙伴、协商者和咨询者；第三，教师是学生的榜样；第四，教师既是教育者也是研究者。在教学中，每一个学生都是一个独立的世界，都有其独特的人格特点和发展潜力，教师要尊重每个学生的个性，发挥其特长，注重因材施教，帮助学生自主创造、自主发明、自主学习，帮助他们树立自信心和成就感。教师的角色应该定位为教学活动的设计者、组织者、指导者、帮助者，在整个教学活动中要以学生的学长、朋友的身份帮助和引导学生学习，教学设计和教学实践都必须符合学生的实际情况，积极为学生创造有利的学习条件和环境，满足学生的学习需求。

（五）教学特点

在建构主义理念指导下的教学活动，具有以下几项特点。

1. 课堂要素的多元化

建构主义理念下，课堂教学要素不仅包含传统的三大要素——教师、学生、教材，还包括教学目的、方法、环境和评价等诸多要素。此外，随着社会现代化程度的提高，以及计算机、新媒体和网络信息技术的普及，课堂教学中引入了现代教育技术。同时，教学更强调人文化和社会化，提倡传授知识不仅可以在课堂上进行，而且可以在社会上的各个环境中进行，大大拓宽了教学环境的范围和教育的视野，促进了高校英语教学的发展。

2. 师生关系的民主化

建构主义理念认为良好的师生关系是教学活动发生的前提，是影响教学成效的一个至关重要的因素，对学生认知和情感领域的发展同样起着制约作用。在高校英语的教学中，建构主义理念要求教师和学生形成全面的交往和互动模式，因为教师与学生之间、学生与学生之间的交流互动应该是多维度的交流互动。

3. 课堂教学的情境化

在高校英语的教学中，建构主义教学理念要求教师在教学过程中要为学生的学习创设与生活中的实际情况类似的情境，以帮助学生解决实际问题。从知识结构上看，建构主义教学理念要求弱化学科界限，强调学科的交叉和知识的综合性。从教学方法上看，建构主义教学理念要求教师提出问题并引导学生进行探索性、研究性、发现性地学习。从教学手段上看，建构主义教学理念提倡应用计算机和互联网技术进行辅助教学，借助现代信息技术为学生构建虚拟的“现实情境”。

4. 课堂教学的交互性

建构主义教学理念重视教学中师生之间、学生之间及人与环境之间的社会性互动作用，而这种社会性互动作用的集中表现应该是教与学的交互性。这种交互性主要表现在两个方面：第一，实现有效的互动，教师提出的问题、创设的情境与学生可能遇到的现实问题密切相关；第二，师生的交流应是双向的。在学生研究和探索教师设计的问题的过程中，教师应给予其及时有效地反馈，以促进学生的学习进程和学习效果，提升高校英语的教学水平。

第二节　任务型语言教学的原则与方法

任务型语言教学是一种以任务为基础的语言教学途径，其实质就是让学生在做事情、完成任务的过程中学习语言和使用语言。它强调在做中学、在用中学。在任务的履行过程中，学生会更加注重语言交际的意义，充分利用自己已经获得的目的语资源，以参与、体验、互动、交流、合作的学习方式获取所需信息，完成任务。任务型语言教学能充分发挥学生自身的认知能力，调动他们已有的语言资源，使其在实践中感知、认识、应用目的语，达到预期的教学目标。

任务型语言教学并非全新的教学思想，它在国外已有了三十多年的实践和发展，但国内研究者和教师广泛关注任务型语言教学是在最近这些年。目前，从事英语教育的研究者和教师掀起了研究和探索任务型语言教学的热潮，英语教师在教学中运用和实践了这种教学途径。

从任务型语言教学视角来看，掌握语言的最佳途径是让学生做事情，即完成各种任务。当学生积极地参加有意义的语言交际活动时，语言本身也就会被他们掌握。学生进行的语言任务在他们的语言能力发挥到极点时，其习得也会扩展到最佳状态。任务型语言教学的核心思想是要模拟人们在社会、学校、生活中运用语言所从事的各类活动，把语言教学与学生在今后日常生活中的语言应用情境结合起来。需要指出的是，任务型语言教学是一种教学途径，而不是一种具体的教学方法。在任务型语言教学思路的指导下，教师可以设计出各种各样的教学活动或任务。根据这一教学途径，相关工作人员在设计语言教学大纲、编写语言教材、设计课内外教学活动时，可以不按一定的顺序罗列或介绍语言项目，从而设计出一系列贴近现实生活的任务；在具体教学过程中，学生不是逐一学习各个语言项目，而是完成各种各样的交际任务。

一、任务型语言教学的理论基础

任务型语言教学的理论依据来自多个领域，包括语言习得研究、语言学、教育学、心理学、社会语言学、课程理论等，体现了当今高等教育界提倡和推崇的“以人为本”“以学习为本”的教学理念。任务型语言教学形式是诸多交际教学形式中的一种，学生可以通过完成各种语言学习任务发展实际的语言交际能力。它把语言学习的过程作为完成一系列语言任务的过程，并把这些任务与课程目标结合了起来。

（一）语言习得理论和语言教学法

从 20 世纪 80 年代开始，第二语言习得研究者开始研究任务在第二语言习得过程中的作用。20 世纪 80 年代初期，美国语言教育家克拉申的语言输入假说理论在第二语言习得研究领域引起较大的反响。根据该理论，只要第二语言习得者有足够的、可理解的语言输入，就能成功地习得语言。后来，许多学者对该理论提出了改进意见。在第二语言习得过程中，语言的输入和输出都是必不可少的，也就是说，学生语言知识的记忆不能保证语言使用的正确，必须有大量的语言输入和语言应用才能使得学生掌握所学的语言知识。为此，学生应该参与大量的语言活动，增加语言接触和语言使用的机会，并逐步发展自己的语言系统。

显而易见，传统的英语课堂教学活动并不能满足这种语言学习的要求。随着对语言学习过程认识的逐渐深入，输入和输出都是语言学习的必要条件，但学习的结果关键还要看输入和输出的质量，以及学生在语言输入和输出过程中经历的认知过程。经过大量的研究之后，美国语言教育家朗指出，语言习得过程中起到关键作用的是意义协商过程。[①] 意义协商过程就是语言习得过程，在此过程中，学生不是简单地接收语言然后输出语言，而是在不间断地“输入—反馈—调整—再输入—输出”的过程中完成意义的接收和表达。意义协商是第二语言习得最理想的过程，也是语言习得成功的关键因素。以朗为代表的学者认为，交互过程有利于意义协商，并在此基础上提出了互动理论。在探讨什么样的互动活动有利于

① 王天舒．大学英语教学模式改革的问题与对策初探 [M]. 北京：民族出版社，2014.

意义协商时，互动理论的倡导者开始关注“任务”及其他相关的概念。所谓任务，其实质就是在现实中要做的各种事情。课堂上学生完成的任务和传统语言教学中的任务有着本质的区别。通过设计和实施语言学习过程中的任务，教师能给学生提供输出和输入语言的机会。在完成任务的过程中，学生既要有语言的输入，也要有语言的输出，所以设计任务有利于发展学生的语言能力。紧接着，研究者开始系统地研究任务的类型及设计。在这一背景下，很多第二语言习得的研究者开始研究第二语言习得过程中的任务类型、任务的难易程度与任务的有效性之间的关系。进入 20 世纪 90 年代以来，在第二语言习得研究框架内关于任务的思想逐步发展成任务型语言教学的思想。

在 20 世纪 80 年代，第二语言习得研究者和语言教学法研究者已经形成了一个共同的认识，即学生语言学习的最终目的不是掌握语言的结构与形式，而是发展自身语言的交际和表达能力，这种能力只能通过参与交际性语言活动才能获得。所以，两类学者都开始研究交际性语言活动，只是他们的研究方法和角度有些不同。以努南等为代表的语言教学法研究者从课堂教学的实际出发，研究交际性活动的设计和使用；以朗等为代表的第二语言习得研究者从认知的角度研究交际活动（任务）在发展学生语言能力过程中的作用。可以说，两派研究者是从不同的角度关注同一个问题。

交际语言教学是 20 世纪 70 年代兴起的一种培养交际能力的语言教学方式，其核心思想是，学生是在表达意义和传递信息的过程中学习语言的。这样的学习过程有两个突出的优点：第一，以表达意义（而非操练语言形式）和传递信息（而非重复信息）为目的的语言学习活动有利于激发学生的学习动机，调动其学习兴趣，从而提高学习效果；第二，以表达意义和传递信息为目的的学习活动给学生提供了真实使用语言进行交际的机会，因而有利于学生发展真正的交际能力和在真实的交际环境中运用语言的能力。在这种思想的指导下，交际语言教学的倡导者开始研究什么样的活动最有利于学生真实地表达意义和传递信息。研究发现，真实的、互动的活动最有利于学生表达意义和传递信息。所谓真实，就是接近或类似现实生活中的活动；所谓互动，就是学生之间、学生与教师之间的双向交流。

随着时间的推移，交际语言教学的倡导者开始把这些以表达意义为目的的活动称之为“任务”。于是，“任务”这个术语成了交际语言教学中的一个重要概念。随后，这一领域出现了“任务型教学大纲”“任务型语言学习”和“任务型语言教学”等术语。由此可以看出，任务型语言教学是交际语言教学的一种新形态，是交际语言教学的新发展。

进入 20 世纪 90 年代后期，第二语言习得研究和语言教学法研究两个领域的研究者开始关注彼此的研究途径，互通有无，借鉴彼此的研究成果。任务型语言教学的这两个来源使之与以往很多语言教学流派相比，有一个明显的优势：它既有大量的理论研究做支撑，又与语言教学实践的研究和探索紧密联系。因此，任务型语言教学是语言教学发展史上少有的理论和实践紧密结合的教学途径之一。

（二）建构主义理念和社会文化理论

任务型语言教学的另一个理论基础是建构主义理论，或者更具体地说是社会建构主义理论。建构主义是一种有关知识和学习的理论，它以心理学、哲学和人类学的研究为基础，认为知识是暂时的、发展的和非客观的，是经过学生内心建构并受社会文化影响的。该理论认为学习和发展是社会活动和合作活动；知识是由学生自己建构的，而非他人传授的；人的认知与经验是共同发展的；知识是经验的重组与重新建构，是一种连续不断的心理建构过程，是体验、发现和创造的过程。真实自然的教学任务能为学生提供上述体验过程。任务的自然与真实性能够激活学生已有的知识结构和认知图式；认识自然的任务包括待实现的目标和需要解决的问题，能够激起学生对新知识、新信息的渴望。学生通过任务参与和完成的过程，促进自身知识的重组和构建，促进摄入的新信息与自身已有的认知图式之间的互动、连接、交融和整合。学生一旦体验到参与和完成任务的意义，感受到知识构建的成功，就会更加积极主动地投入学习中，从而加速其语言信息的内化。

建构主义同时主张通过互动与合作建构知识，特别强调要通过社会的互动和合作进行学习，它认为个体孤立的学习不能导致其知识能力的增长，只有与周围的人进行互动、与同伴合作才能激活内在的各种因素。建构主义理念下的教学重视为学生提供机会，让他们参与真实自然和有交际意义的活动，由他们去寻找知识，提出问题，建构自己的模式、概念和策略。这种模式下的课堂如同一个小型社会，学生在课堂中参与活动、构建语篇和进行反思。任务型语言教学的特色就在于多层面的互动，可以满足建构主义理念下教学的多种需要。综上所述，建构主义理念下的任务型语言教学可以归纳为以下几个方面。

①语言教学的单元由交际性的、有目的的、有意义的活动或任务组成，而非一系列的语言项目。

②活动和任务既可以是学生将来在现实生活中需要做的事情，也可以是为了促进其语言学习而进行的课堂学习活动。

③学生通过参与有目的的交互活动来学习语言。

④在完成任务的过程中，学生既有语言输入又有语言输出，任务有利于促进其语言学习。

⑤任务能够激发学生的学习动机，因而能够促进其语言学习。

⑥语言教学应该更加关注学生语言学习的过程，而非语言学习的结果。

⑦任务型语言教学大纲根据任务的难易程度安排任务的先后顺序。

⑧任务的难度取决于一系列因素，包括学生以前的学习经历、任务的复杂程度、任务对语言的要求及获得的帮助和支持。

任务型语言教学重视研究学生在完成任务的过程中的心理变化过程，而建构主义的认知理论是任务型语言教学重要的理论基础。具体地讲，任务型语言教学主要研究三个问题：第一，在完成任务的过程中，学生如何分配和使用注意力；第二，任务的类型及特点与学生完成任务的表现之间的关系；第三，环境或条件对学生任务表现的影响。认知论的基本思想为，在传统的语言学习活动中，学生的注意力基本上完全集中在语言形式上，因而不利于全面发展语言能力。通过设计能够将语言的结构和语言的功能有机地融为一体，有目的地选择不同类型、不同难度的任务，有利于促进学生的语言能力全面而平衡地发展。

兰道夫等学者把苏联心理学家维果茨基的理论运用到第二语言习得研究中，并提出“社会文化理论”这个概念。兰道夫说的“互动”其实是一种社会交往。在这种互动过程中，由于学生共同参与任务、共同建构意义，所以学生之间可以互相帮助和支持。以兰道夫为代表的社会文化理论是近些年来第二语言习得研究用来解释第二语言习得过程的重要理论之一。

社会文化理论的核心也是“互动”，但这种互动与朗等学者所说的互动有所不同。朗从心理和认知的角度来阐述互动的形式和作用，关注的焦点是任务本身如何促进语言的学习。社会文化理论主要关注学生和教师在完成任务过程中的表现，以及这些表现对语言学习的作用，其关注的焦点是学生在完成任务过程中参与方式和参与情况。

从理论来源上看，社会文化理论是以维果茨基的社会历史观为基础发展起来的。维果茨基的研究关注学习过程、语言和思维之间的关系，以及学习和知识建构的社会文化机制，其中最主要的研究成果是“最近发展区”理论。在维果茨基的观点中，学生在任何一个学习阶段都有两个发展水平：实际发展水平和潜在发展水平，这两个发展水平之间的差距（区域）被称为最近发展区，这个区域是动态的。在学生学习的过程中，处于这个区域的知识和技能会逐渐转化为实际发展水平，而新的知识和技能又会逐渐进入这个区域。

社会建构主义认为，虽然知识是个体主动建构的，且只是个体经验的合理化，但这种建构也不是随意建构的，而是通过与他人磋商并达成一致来不断地加以调整和修正的，并且不可避免地要受到当时社会文化因素的影响。也就是说，学习是一个文化参与的过程，学生只有借助一定的文化支持来参与某一学习共同体的实践活动，才能内化有关的知识。学习共同体就是指由学生及其助学者（包括专家、教师、辅导者）共同构成的团体，他们彼此之间经常在学习过程中进行沟通交流，分享各种学习资源，共同完成一定的学习任务，因而在成员之间形成了相互影响、相互促进的人际关系，形成了一定的规范和文化。知识建构的过程，不仅需要个体与物理环境的相互作用，更需要通过学习共同体的合作互动来完成。

社会文化理论认为，人的高级心理机能是各种活动和交往形式不断内化的结果。内化就是把存在于社会中的文化变成自己知识的一部分，从而有意识地指引自己的各种心理活动。在文化发展中，任何机能最初都是作为心理之间的范畴表现出来，而后才作为心理之内的范畴表现出来。也就是说，高级心理机能最初是社会的、集体的、合作的，而后才变成个体的、独立的。这种从外部的、心理间的活动形式向内部的心理过程的转化，就是人的心理发展的一般机制——内化机制。

在维果茨基研究的基础上，兰道夫进一步强调活动在高级心理机能内化过程中的作用。他指出，一切高级的心理机能最初都是在人与人的交往过程中，以外部动作的形式表现出来的。[①] 经过反复多次的练习和实践，外部动作才能内化为内部的心智动作。活动是心理机能内化的中介和桥梁，而人的活动就其本质而言是一种社会实践，是在一定文化背景中的社会成员的相互作用。在活动理论的基础上，温格提出了“实践共同体”的概念。一个实践共同体是围绕特定的实践活动而形成的，如一个生产车间、一个科研课题组、一个剧团等。概括而言，实践共同体有三个维度的重要属性：第一，活动领域，每个实践共同体有其特定的知识经验和要从事的事情，其成员对共同体的活动有共同的理解，并不断协商和磨合关于其活动的新理解；第二，社会“圈子”，成员之间建立了双向互动、共同参与的关系，从而被“捆绑”成为一个整体，去完成他们共同的任务；第三，实践方式，共同体成员在较长的实践活动中形成了共享性资源集合，其中包括有关的知识、方法、工具、案例故事、文档资料等。共同体成员参与共同的活动系统，

① 岳刚德，苏一波，周俊平．课程与教学论[M]．成都：电子科技大学出版社，2019.

在这个活动系统之中，每个成员对于很多基本问题都有共同的理解。

按照兰道夫的活动理论，文化的内化是通过学生参与某种社会活动而实现的。学生通过参与某个共同体的社会活动，把有关的概念、语言符号、规则等内化为自己的一部分，从而能越来越自如地理解和参与该活动，完成与该活动有关的思维和交流。这时，学生也就逐渐进入了该实践共同体之中，成为其中的一员。在参与活动的过程中，学生通过与比他们更成熟的成员的合作，可以完成他们独自一人不能完成的任务。这种通过合作所能达到的活动水平与独自能够达到的活动水平之间的差距，就代表了学生的最近发展区。

维果茨基认为，学生的进步主要是在最近发展区完成的，因而设计学习活动时要使活动的难度在这个区域之内。[①] 在学习活动中，应当在最初阶段给学生一定的帮助和支持，但在任务完成的过程中要逐步减少对学生的帮助，直至其能够独立完成任务。这就是维果茨基所说的“脚手架过程”，其寓意是先给学生搭建一个“脚手架”，随着学生学习能力的发展提升，逐步拆除“脚手架”。为了更好地促进个体的发展，使个体的最近发展区变成现实的发展水平，社会建构论者提出了支架式教学的主张。

支架的原意是指建筑行业中使用的脚手架，这里用来比喻对学生解决问题和建构意义起辅助作用的概念框架。支架式教学就是指通过支架（教师或有能力的同伴）的协助，把管理学习的任务逐渐由教师转移给学生自己，最后撤去支架。在实际教学中，只有根据学生的最近发展区搭建的支架，对学生发展促进作用才是最有效的。因此，支架的重要功能就是帮助学生顺利穿越最近发展区，以获得更进一步的发展。

随着对支架式教学的深入研究，支架的含义得到了进一步的拓展。目前，支架不再是简单意义上的教师或有能力的同伴，而是一个多重的支架群。在解读支架群含义的过程中不难发现，学生的发展是多元的，帮助学生发展的支架也就自然变为一个多元、立体的支架群。在学习不局限于学校情境、班级情境的时代背景下，只要是能引导、促进学生不断发展的个体或群体，便是支架。

总之，支架式教学强调在教师指导下的以学生为中心的学习，这种学习可以充分发挥学生的主动性，使他们有机会在不同情境中实现知识内化并提高解决问题的能力。在实际教学过程中，教师可以根据教材内容和学生的发展水平，搭建

① 维果茨基．教育心理学[M]．龚浩然，许高渝，潘绍典，等译．杭州：浙江教育出版社，2003.

不同层次的支架，并给予及时的帮助和指导，以便于学生沿“脚手架”一步一步地攀升，从而完成对知识意义的建构。支架式教学的目的和实质是帮助学生发展自主学习的能力，并逐步培养其认识问题和解决问题的能力。

与此同时，社会建构主义还特别强调学习的情境性，认为知识、学习是与情境化的社会实践活动联系在一起的。知识体现在实践共同体成员的活动和文化交流之中，学生通过对该共同体的社会实践的参与而逐渐形成这种知识。因此，学习应该与情境化的活动结合起来，即进行情境性学习。在第二语言习得研究中，关于情境认知与学习的思考最初始于对词汇学习的研究。在传统教学中，有关认知与实践分离的假设导致课堂词语教学的低速、低效和学生学习的失败。相反，在日常交际语境中，人通常能以惊人的速度成功地学习词语。该研究所揭示的事实表明，词语和句子并不是孤立的，它们总是存在于一定的交际场合和会话情境中。关于词语学习研究得出的结论具有一定的普遍意义，因为所有知识都和语言一样，是人的活动和情境互动的产物，是对现实世界的一种探索。

建构主义理念强调日常认知、真实性任务和情境性在学习过程中的重要性。知识是情境化的，并且很大程度上是它所应用的活动、背景和文化的产物。与情境认知相关联的另一个概念是分布式认知。认知心理学发展至20世纪90年代，一直注重对个体认知的研究。然而，认知工作不仅仅依赖认知主体，还涉及其他认知个体、认知对象、认知工具和认知情境。所谓分布式认知，就是指认知分布于个体内、个体间、媒介、环境、文化、社会和时间等介质之中。分布式认知强调认知现象在认知主体和环境之间分布的本质，强调人的认知不是分布在封闭的头脑之内的，而是在人与其环境（包括物理、社会的要素）构成的整个系统中的，人往往要借助外在的环境线索、文化工具（计算机）、与他人的互动来完成各种认知活动。

建构主义理念下情境性学习的观点突出体现了教育与现实世界之间的联系。以此为基础开展的教学，就是情境性教学。情境性学习的具体特征可以归纳为以下四点。

第一，真实任务情境。学习在与现实情境类似的情境中发生，以解决学生在现实生活中遇到的真实问题为目标。学习的内容要选择真实任务，这种任务应该与对应的现实实践活动类似，不能对任务做过于简单化的处理。由于具体的问题往往都同时与多个概念、理论相联系，所以情境性学习主张弱化学科界限，强调学科间的交叉。

第二，情境化的过程。学习的过程与现实问题解决的过程类似，需要的工具往往隐藏在情境中，教师并不是将提前准备好的内容教给学生，而是在课堂上演示与现实中专家解决问题类似的探索过程，提供解决问题的原型（让学生能完整地看到专家的思维过程，看到其中的成功和错误尝试），并指导学生进行探索。教师的问题解决过程，会对学生问题解决思维的构成起到示范和引导的作用。

第三，真正地互动合作。现实的实践活动总是在一定的共同体之中进行的，并与各种有关的专业共同体进行交流互动。在情境学习过程中，学生也应该在学习共同体之中进行合作互动，持续地进行协商、交流。

第四，情境化的评价。学习不需要独立于教学过程的评价，而是需要融合式测验或情境化的评估，在学习活动中对具体问题的解决过程本身会反映学生学习的效果。

情境教学强调按照真实的社会情境、生活情境，科学地研究活动改造学校教育，使学生有可能在真实的或仿真的活动中，通过观察、概念工具的应用及问题的解决，获取真正有用的知识和生活本领（获得文化适应）。情境认知与学习理论认为，学习不仅是为了获得一大堆事实性的知识，还为了思维与行动能力的提升，其要求将学习置于知识产生的特定的物理或社会情境中，将参与视为学习与教学的关键成分，并要求学生通过理解和经验的不断相互作用，在不同情境中进行知识的意义协商。有关情境教学的模式有很多，应用也比较广泛，笔者在这里只重点介绍认知学徒制。

认知学徒制是指通过允许学生获取、开发和利用真实领域的活动工具的方法，来支持学生在某一领域学习的模式，它强调经验活动在学习中的重要性，强调要把学习和实践联系起来。认知学徒制的目的是通过那些与显著有效的行业传艺方式类似的活动和社会交往方式来使学生适应真实的实践活动。认知学徒制主张通过在真正的领域活动中获取、发展和使用认知工具来进行领域学习，简而言之，知识经验较少的学生可以在专家的指导下，通过参与某种真实活动，获得与该活动有关的知识、技能。例如，在手工作坊中小徒弟进行的学习，就是一种情境学习方式。在这种学习活动中，任务是真实的，环境是真实的（没有专门的教室，他面对的是真实的手工作坊），知识技艺是蕴含在真实活动中（没有专门的教材和授课活动）并通过活动展现出来的，可被徒弟感知和捕捉的；没有人工设计的习题训练，小徒弟在真实任务中锻炼自己的技艺；没有预先设定好的统一考试，小徒弟完成真实任务的表现本身就反映了他的技艺水平；小徒弟学到的是可以解决实际问题的本领。

小徒弟在手工作坊中经历了一个“合法的边缘参与”的过程：小徒弟在手工

作坊从最初的打杂开始，逐渐参与高级的任务，获得高级的技能，从初学者（新手）变成一个专家（老手），从一个实践共同体的边缘进入到中心，参与更核心的工作。可以看出，认知学徒制强调让学生从事与专业领域有关的实践活动，让学生成为探究活动的主人，并重视对学生思维技能和反思能力的培养，对于提高学生的实践能力具有重要的借鉴意义。

二、任务型语言教学中任务的本质含义和基本要素

任务型语言教学秉承“学生中心”“从做中学”的教育模式。20 世纪 70 年代，英籍印度语言学家普拉布在印度进行了一项交际法教学的实验研究，他提出了许多任务类型，并把学习的内容设计成各种交际任务让学生通过完成任务进行学习；20 世纪 80 年代，普拉布在反复实践的基础上系统地提出了任务型语言教学理论，这一理论在 20 世纪 90 年代得到迅速发展。①

（一）任务的本质含义

国内外学者对语言学习过程中“任务”的意义看法不同，彼此的看法相去甚远。英国语言学家威利斯认为，任务是学生为了完成某件事情用目的语进行的、有交际目的的活动。②布瑞恩从语言学习的角度对任务进行了更具体的定义，认为任务是精心组织的、以促进语言学习为目的一系列教学活动；这些活动有自己特定的目标、适当的内容、特有的学习程序，以及各种不同的学习成果。③龚亚夫和罗少茜归纳了关于任务的多种定义，并将其中两种主要的观点分为狭义任务派和广义任务派。④狭义任务派认为，只有为了某种交际目的使用语言的活动才可以称为任务，而且任务必须有一个结果，其强调任务活动与语言练习有着本质的区别。广义任务派则认为，任务可以分为交际任务和学习任务两类，其以语言内容为主的活动为学习性任务，主要集中在语言方面的练习活动，如介绍新的语言点，讲解语法、词汇的用法，有控制的练习等。这些任务是发展学生语言能力、保证后续交际任务完成不可缺少的一个阶段。

区分“交际任务”和“学习任务”对语言教学具有现实的指导意义，因为实际教学活动中不可避免地会涉及以语言学习内容为主的学习性任务，这类任务是

---

① 张淑琴，刘津开．英语交际法教学示例[M]．杭州：杭州大学出版社，1991．

② 王天舒．大学英语教学模式改革的问题与对策初探[M]．北京：民族出版社，2014．

③ 宋建勇．高校英语任务型教学与评价研究[M]．西安：西安交通大学出版社，2017．

④ 龚亚夫，罗少茜．任务型语言教学[M]．北京：人民教育出版社，2003．

完成交际性任务的先决条件。目前其他学科中倡导的探究性学习、项目型学习，以及用英语学习其他学科的专业知识等学习理念都可以纳入任务的范畴。

任务与传统的练习或通常意义上的活动究竟有什么样的本质差别呢？第一，任务具有目的性。这里的“目的”具有两重性，一个是任务本身所包含的非教学目的；另一个是任务设计者期望任务参与者达到的教学目的，而练习通常只具有教学目的。第二，任务通常会产生非语言性结果，而练习总是产生语言性结果，如根据天气预报的信息，决定怎样安排野炊，或根据火车、汽车时刻表，选择哪几趟车能方便准时地赶到某地开会，任务完成后，得到的结果是非语言性的；而课堂练习，如用短语造句、用介词填空等，其结果总是语言性的。第三，任务具有开放性。这就是说任务的履行并非有一套预定的模式或途径，或者会达到统一的结果，完成任务的途径及应用的语言都是可以选择的、不固定的、非限制性的。第四，任务具有交际性或互动性。任务通常是集体性和合作性活动，任务的履行通常以交际或互动的方式进行，这种互动可以是学生与学生之间、学生与教师之间、学生与输入材料之间的双边或多边互动。

任务型语言教学认为，以功能为基础的教学活动中有许多活动并不是来自真实生活的，因此最多只能称其为准交际活动；任务型语言教学要求培养学生在真实生活中参与和完成真实生活任务的能力。真实生活任务教学强调直接通过课堂教学让学生用英语完成各种真实的生活、学习、工作任务（做各种事情），从而培养学生运用英语的能力（用英语做事的能力）。显然，真实生活任务设计的关键在于要使任务有真实生活的特征。课堂中师生之间和学生之间的互动和交际有助于学生运用语言，学生会在完成任务的过程中产生语言的习得，并最终达到掌握语言的目的。也就是说，任务应重视学生如何沟通信息，而不是强调学生使用何种形式；任务具有在现实生活中产生的可能性，而不是假交际；学生应把学习的重点放在如何完成任务上；对任务进行评价的标准是任务是否成功完成。同时，任务的设计要以学生的生活经验和兴趣为出发点，内容和方式要尽量真实，要有利于学生学习英语知识、发展语言技能，提高交际的语言应用能力。

（二）任务型语言教学的基本要素

努南认为，任务型语言教学作为一种教学途径具有结构性，它由教学目标（goals）、信息输入（input）、活动方式（activity）、师生角色（teacher/student role）、教学环境（setting）等要素组成。[①] 任务型语言教学法与传统语言教学法

① 郭江虹．大学英语多维教学理论研究[M]．长春：吉林大学出版社，2019.

之间的差异在于前者注意信息沟通，活动具有真实性而且活动量大。高校英语课堂教学应具有变化性互动的各项活动，即任务，学生在完成任务过程中进行对话性互动，进而产生语言习得。正是由于任务型语言教学模式具有上述性质和特点，在英语课程改革不断深化的背景下，倡导选择和运用任务型语言教学以期更好地完成课程目标就成为一种历史的必然。

归纳起来，任务型语言教学中的任务通常包含以下几种基本要素。

1. 目标

如同日常生活和工作中的任务一样，教学任务首先具有目的性，也就是说，它应该具有较为明确的目标指向。如前文所述，这种目标指向具有两重性：一是任务本身要达到的非教学目的；二是任务设计者期望任务参与者达到的教学目的。作为促进学习的教学任务，教师应该更多地关注它的教学目的。任务型语言教学中的活动通常是由一系列子任务组成的，它们是彼此联系、有机衔接的，紧紧围绕一个统一的目标而设计和实施，所有任务的设计和安排最终是为了保证终极任务目标的实现。

2. 内容

任务的这一要素可简单地表达为“做什么”。任何一个任务都需被赋予实质性的内容，任务的内容在课堂上的表现就是需要履行的具体的行为和活动。教师设计任务的具体内容时，要特别注意任务的繁简程度和难易程度，过于简单或复杂都不利于任务的操作，也直接影响学生的兴趣和参与程度。

3. 程序

程序指学生在履行某一任务过程中涉及的操作方法和步骤，在一定程度上表现为“怎样做”。它包括任务序列中某一任务所处的位置、先后次序、时间分配等。教师在设计和实施任务的过程中，一是要保证同一个任务的不同步骤和活动，最好用不同的形式，使学生有机会自主地选择活动方式，避免学生感到枯燥乏味；二是要严格控制每一个任务完成的时间，以合理高效地分配有限的课堂教学时间，在实际的教学中，尤其要避免时间安排不合理而出现的前紧后松的问题。

4. 输入材料

输入材料是指履行任务过程中使用或依据的辅助资料。输入材料可以是语言的，如新闻报道、旅游指南、产品使用说明、天气预报等；也可以是非语言的，如照片、图表、漫画、交通地图、列车时刻表等。尽管有些课堂任务并不一定都要使用或依据这样的输入材料，但在任务设计中，通常提倡教师准备和提供这样真实自然的材料，使任务的履行更具现实意义和可操作性，提高学生的学习兴趣，使他们积极参与到任务中来，更好地实现预期的教学目标，提高教学成效。

5. 教师和学生的角色

由于任务型语言教学与传统语言教学存在诸多差别，它对学生和教师也提出了新的要求。在任务型语言学习活动中，学生不再被动地接受知识或机械地模仿和重复知识，而是积极主动地进行体验、参与、探究、协商和讨论，有意义地输入和输出语言，巩固旧知识，构建新知识，发展自身实际运用语言的能力；同时，他们对任务的形式和内容也有一定的控制权，在任务完成的过程中有较大的自由发挥的空间，可以对自己的学习行为负责，监控和调整自己的学习活动；他们既是语言学习者，也是社会交往者、协商者、组织者和帮助者。

在任务型语言教学中，教师在设计任务、布置任务、提供学习材料、监控任务、提供帮助等方面起着非常重要的作用。任务的开放性使得教师不再扮演权威的角色，但教师仍然是重要的语言输入者，而且还要教会学生如何查找和获得有用的语言信息；教师也是任务的参与者、监控者和指导者，在任务实施的过程中教师要对活动内容、组织形式和活动时间进行合理安排和及时调整，只有教师监控和指导得当，任务才能正常开展和进行。在任务设计过程中，教师和学生要明确自身的角色定位，促进任务更顺利有效地进行。

6. 情境

任务的情境要素指任务产生和执行的环境或背景条件，包括语言交际的语境，也涉及课堂任务的组织形式。在任务设计过程中，教师应尽量使情境接近于真实，以提高学生对语言和语境之间关系的认知。情境的真实性越高就越能使任务接近或类似现实生活中的各种活动。也就是说，当学生离开课堂以后，在学习、生活、工作中有可能遇到并能够处理类似的问题，如写信、查找航班、听天气预报等。情境真实性及连带的人物真实性设计的目的是帮助学生运用所学的语言知识和技能完成现实生活中的各种事情，使学习本身具有现实意义。

三、任务型语言教学的实践应用

（一）任务型语言教学设计的基本原则

1. 真实性原则

此原则是指在任务设计过程中，任务使用的输入材料应源于真实生活，同时，履行任务的情境及具体活动应尽量贴近真实生活。当然，“真实”只是一个相对概念，任务设计的真实性原则也不完全反对非真实语言材料出现在课堂任务中。

但有一点是肯定的，就是要尽量创造真实或接近于真实的环境，让学生尽可能多地接触和加工真实的语言信息，使他们在课堂上使用的语言和技能在实际生活中同样能得到有效的使用。

2. 形式或功能原则

传统语言练习的最大不足之处便是语言脱离语境、脱离功能，学生可能知道不同的语言形式，但不能以这些形式得体地表达意义和功能。形式或功能原则就是在真实性原则的基础上，将语言形式和功能的关系明确化，让学生在任务履行过程中充分感受语言形式和功能的关系，以及语言与语境的关系，增强学生对语言得体性的理解。

3. 连贯性原则

这一原则涉及任务与任务之间的关系，以及任务在课堂上的实施步骤和程序，即怎样使设计的任务在实施过程中达到教学上和逻辑上的连贯与流畅。任务型语言教学并非指一堂课中穿插了一两个活动，也并不指一系列活动在课堂上毫无关联的堆积。任务型语言教学是指教学通过一组或一系列的任务履行来完成或达到教学目标。在任务型语言教学中，一堂课的若干任务或一个任务的若干子任务应是相互关联、具有统一的教学目的或目标指向，同时在内容上相互衔接。

4. 可操作性原则

在任务设计过程中，教师应考虑到任务在课堂环境中的可操作性，应尽量避免那些环节过多、程序过于复杂的课堂任务。必要时，要为学生提供任务履行或操作的模式。

5. 实用性原则

任务的设计不能仅注重形式，而不考虑它的效果。课堂任务总是服务于教学的，因此，教师在任务设计中，要避免为了任务而设计任务。任务设计者要尽可能地为学生的个体活动创造条件，利用有限的时间和空间，最大限度地为学生提供互动和交流的机会，达到预期的教学目的。

6. 趣味性原则

任务型语言教学法的优点之一便是能通过有趣的课堂交际活动有效地激发学生的学习动机，使他们主动参与学习。因此，在任务设计中很重要的一点便是考虑任务的趣味性。机械的、重复的任务类型会使学生失去参与任务的兴趣，因而任务的形式应多样化。需要注意的是，任务的趣味性除了来自任务本身以外，还可来自多个方面，如多人的参与、多向的交流和互动，任务履行中的人际交往、情感交流，解决问题或完成任务后的兴奋感、成就感等。

（二）任务型课堂教学的主要环节与步骤

英国语言学家威利斯提出了任务型课堂教学的三个步骤。①

（1）前任务——教师引入任务

（2）任务循环流程

①任务——学生执行任务。

②计划——各组学生准备如何向全班报告任务完成的情况。

③报告——学生报告任务完成情况。

（3）语言聚焦

①分析——学生通过录音分析其他各组执行任务的情况。

②操练——学生在教师指导下练习语言难点。

在任务型的课堂教学中，教师教学的首要环节就是呈现任务，让学生在任务的驱动下学习语言知识和进行技能训练。这样的学习过程就是任务驱动的过程，它有利于提高学生的学习兴趣，增强学生的学习动力，同时也有利于体现任务的真实性。如果教师不是在课堂教学一开始就呈现任务，而是在知识学习和技能训练结束后再呈现任务并让学生完成，那么这就不是任务驱动型的教学过程，学生的学习动力就不如在任务驱动过程中那么强烈。所以，真实地运用任务的学习过程实际上就是课堂教学的过程。此时，学生就进入了参与任务的环节。

任务是实施任务型课堂教学的核心部分。任务型课堂教学活动根据其交互特点可大致分为五类。

第一，故事链任务。小组中每人讲一段故事，整个小组讲完一个完整的故事。

第二，信息差任务。两组或多组信息互补，协商完成任务。

第三，解决问题任务。围绕一个问题或根据一系列信息，找出解决问题的办法。

第四，做决定任务。围绕一个和多个结果，通过协商或讨论做出选择。

第五，观点交换任务。通过讨论，相互交换意见，不必达成共识。

在这些活动中，信息差任务具有合作性和多元成果性的特征。同时，信息差任务过程简单，也易于课堂操作。在丰富多彩的任务的驱动下，学生可以运用自己的思维完成具体的任务，主动地去习得英语知识，积极主动地参与到各种任务中来，真正地做到在做中学，并从中获得和积累相应的学习经验，享受成功的喜悦。任务的完成是任务型语言教学程序的最后环节。在时机成熟时，教师就可以

① 何景芳．大学英语视听说任务型教学在独立院校中的研究与探索[J]．知识文库，2017（7）：181.

让学生围绕新知识点，突出主题进行迁移操练；学生通过完成任务环节将学到的知识和技能转化成在真实生活中运用英语的能力。

（三）任务型语言教学中的评价

采用任务型语言教学，就必须采用与之相配的基于任务的评价方式和方法。基于任务的评价主要是对学生在学习过程中的行为表现的评价，以及考查学生运用所学的知识和技能完成任务的情况。和传统的评价方式相比，它能够更科学、更合理、更全面地评价学生实际运用语言的能力。

1. 基于任务的形成性评价

形成性评价就是评价学生在学习过程中使用所学的知识和技能进行各种学习活动的成就与表现。形成性评价贯穿学生整个学习过程，能客观地反映学生的进步情况，其常见的评价方式包括学生学习档案；各种学习活动的情况记录；小组共同完成任务的报告；教师观察学生课上各种活动表现的记录表；学生阶段性地对自己在英语听、说、读、写几项技能发展的认识或评价；学生对自己努力程度和学习效果之间关系的评价或认识；同学之间对彼此努力程度和学习效果之间关系的评价或认识、阶段测验结果及反思；等等。任务型语言教学中实施的形成性评价，常常是基于学生行为表现的评价。基于语言行为表现而进行的评价可以采取多种形式，如传统的作文、口语面试，以及语言交际任务、小组讨论、角色扮演、解决问题等。可以说，对语言行为表现的评价也是任务型的评价活动。具体地讲，开展基于任务的形成性评价可以采取以下方式和方法。

（1）根据学生每次完成任务的情况进行评价

学生在完成任务过程中的表现，以及任务完成的结果是教师对其进行评价的主要内容和依据。具体而言，学生完成任务的表现主要是指学生参与任务的情况、完成任务的质量、语言运用的情况等。为此，教师要对学生的表现进行相关的观察和记录，最后结合任务完成的情况对学生做出全面完整的评价。在实施评价时，教师要注意以下几个问题：第一，制定科学可行的任务评价标准，并使学生提前了解到完成任务的具体要求；第二，要合理评价小组成员在完成任务过程中的贡献和成就，目的是鼓励每一位学生最大限度地参与到任务中来；第三，在评价任务完成时准备评价相关的书面报告或口头报告；第四，应该以材料的内容为评价的重点，同时兼顾语言的正确性和准确性，但不要过度地强调后者。

（2）根据学生的学习档案进行评价

这是指教师把学生平时学习过程中的各种成果整理和保存起来，建立学习档案，以此为评价的内容和依据。学习档案主要包括学生学习行为记录（课堂活动中的辩论、角色扮演、口头报告等）、书写作业的样本、教师对学生学习情况的观察评语等。在完善的评价体系中，评价的内容不仅有对学生语言知识和语言技能的检测，也有对其语言行为表现的评价，以及对学生的学习策略、情感态度的评价。学习档案是形成性评价的重要组成部分，它包含的评价内容和信息丰富且全面，是完善的评价体系中不可缺少的一个板块。

（3）采取学生自评和互评的方式

现代教育非常强调学生在学习过程中的主体地位，其中一个重要表现就是让学生参与到评价的过程之中，学生的自评与互评成了评价的重要内容。学生进行自评或互评通常要事先设计自我评价或相互评价使用的评价表。评价表可以是教师或学生制作的，也可以师生共同制作的。在实际的教学中，当一个教学单元结束之后，教师可以组织学生进行自我评价；当学生以小组的形式共同完成了一项任务时，可以实施小组成员之间的互评。通过自评与互评，学生可以对自己的学习过程、学习方式、学习效果，以及在学习中的感受、体验、收获等进行反思和评价，这些是终结性评价无法考查的内容。总之，教师要创造机会让学生参与到评价中来，这样还可以激发学生的学习动机和参与意识，培养学生的自我管理能力和自主学习能力。

形成性评价是一种持续性的评价活动，主要目的是促进学生的发展和进步，旨在提高教与学的成效。它既评价学生的学习结果，也关注学生的学习过程和思维过程，这是实施形成性评价的重要意义所在。在教学过程中，通过评价学生完成的特定语言任务，既能考查学生已掌握的知识结构，也能考查学生已具备的语言能力。师生都可以通过评价活动进行自我反思，即学生可以通过评价活动调整自己的学习策略和学习内容；教师可以通过评价活动调整自己的教学方法和教学内容。实施形成性评价也有利于加强监督和管理学生日常学习过程的力度，提高学生学习成效，发展学生的综合素质。

2. 基于任务的终结性评价

在强调形成性评价的重要作用时，笔者也并不否认终结性评价的意义和作用。从上文中可以看出，基于任务的评价形式以形成性评价方式为主，但实际的教学中也有基于任务的终结性评价。基于任务的终结性评价和传统的终结性评价还是存在一些差别的，概括而言，基于任务的终结性评价虽然通常也是以终结性测试的形式来实现的，但其测试的目标不是考查学生的语言知识或语言水平，而是考查他们使用语言完成目标任务的情况。基于任务的终结性评价主要考查学生能否运用所学的语言完成某些真实的或仿真的任务，这种测试的目的与方法和任务型语言教学的宗旨是一致的。

在实施基于任务的终结性评价时，首先要遵循终结性测试的一般原则和方法。此外，还要注意以下两个问题：第一，确定评价的内容和依据；第二，确定评价的形式。从基于任务的终结性评价的内容看，其主要考查学生听说读写的技能，以及在一定的语境中运用语音知识、词汇知识、语法知识、语篇知识、语用知识的能力。从评价的形式来看，对上述语言知识和技能的评价通常结合或模仿现实生活中的实际情境和真实任务来设计。例如，在阅读能力的测试中可以要求学生根据所读的畅销书目的内容简介，选择一本或几本适合某类读者群的图书；在听力测试中则可以要求学生收听相关城市的天气预报，然后选择出行需要准备的物品；等等。总之，设计和实施基于任务的终结性评价时，要使其与任务型语言教学的目标保持一致。

（四）任务型语言教学中应注意的问题

正如前文所述，实施任务型语言教学的核心问题是教师能够掌握任务型语言教学的理论依据，并根据自己的实际情况灵活地加以运用。

任务型语言教学在设计和实施过程中需要注意以下几个重要问题。

1. 教学目标要明确

在日常的教学活动中，教师不能开展任务型语言教学活动的一个主要原因是教学目标不够明确。教师在备课的过程中发现，教学材料中的语言点较多，不知如何确定教学重点；每个教学单元的交际目标究竟怎样确定，同样也是棘手的问题。而过分强调语言知识的教学则会占用过多的课堂教学时间，使学生不得不减少为加强语言的能力和语言综合运用能力而进行的课堂活动。为此，在进行任务设计时教师首先要考虑两方面的任务目标：一是真实世界的任务目标，这类目标是学生今后在生活可能需要使用英语做的事情；二是教育的任务目标，也就是为了使学生达到相关教学大纲或课程标准所确定的共同的、基本的教学目标。在实际教学中，这两种任务目标之间存在一个衔接的问题，因此，需要教师在课程总的教学目标和各个教学单元之间架起一座桥梁，确定每个单元更具体、更细致的任务目标。只有目标明确了，教师才能安排学生的学习任务，并具体确定教学的重点，分清培养学生哪些方面的语言技能和实际能力。同时，教师也可以确定教学行为的评价标准是什么，以保证更好地实现课程目标。

2. 任务设计要真实

任务的真实主要表现在两个方面：一是所学语言材料的真实；二是任务本身的真实。前者可以保证学生获得真实有用的语言输入；后者可以使学生将语言学习任务和真实的情境、实际的社会生活和现实的需要联系起来，使其学习更具现实意义，并提高学生的学习兴趣和动力。真实的任务能调动学生的积极性，使他们自觉地参与到语言活动中来，愿意表达真实的感受，传递真实的信息，讲述真实的经历，做到言之有理和言之有物，而不是人云亦云、机械地套用他人的文字和话语。为此，任务的设计应当将语言的形式和语言的功能结合起来，旨在帮助学生掌握语言形式的同时培养其实际运用语言的能力；教师从始至终都要引导学生通过完成真实的任务来学习语言，鼓励学生为了既定学习目的而展开有意义的语言活动，在完成特定的交际任务的过程中获得并积累相应的学习经验。

3. 任务要求要明晰

为了保证语言学习任务顺利地完成并实现预期的教学目标，教师应当对任务有详细清楚地描述，使学生完全了解教师的教学意图和计划。任务的描述包括如下几个环节：任务的目标；任务完成的步骤；任务的顺序；任务的进度；任务预期的结果；任务完成需要的策略；任务评价的方式；学生参与任务的方式；任务完成所需的资料来源；任务完成需要的语言知识等。一项任务完成的好坏情况很大程度上取决于教师是否对任务进行了清晰地交代和描述。只有任务要求明晰，学生才能领悟任务的意图，弄清自己在任务中承担的责任和角色，并全身心地投入任务中去。另外，明晰的任务描述，也是教师评价学生任务完成情况的重要依据。

4. 师生互动要通畅

在任务型语言教学中，师生互动贯穿在每个教学环节中，师生互动的方式也决定了教师和学生各自扮演的角色。

在任务型语言教学的教学形式中，教师是语言教学活动的设计者和组织者，是学习方向和学习资源的指引者和提供者，是学生学习语言知识的行为示范者和咨询者，是开展语言活动的协作者和策划者，也是学生探索知识、开发学习技能和策略、享受成功的引领者和同路人。

在实施任务型语言教学时，教师要注意调整心态，改变传统的角色扮演意识，重新定位对学生的预期。这样，才能在教学活动的每一个环节都给予学生足够的关注和支持，帮助学生在学习过程中循序渐进地取得成果。并且，学生在任务型语言教学中是积极主动地参与者，而非机械被动地知识接收者。在参与的过程中，学生可以通过交流、体验、讨论、合作、探究等学习方式，发展听说读写的综合技能，学会对知识的探究、归纳和整合。

在任务型语言教学中，教师设计的任务并不是只有唯一的答案和结论，而是有多种解决问题的方案。教师本人也不能预先知道每一位学生得出的结论或查到的资料，教师需要和学生一起学习，不断地沟通和交流。因此，英语教师除了需要具备相应的英语语言知识和语言技能外，还应当学习和掌握一定的英语教学理论和教学法知识，不断丰富教学实践，有意识地储备多种课堂活动形式和课堂管理技巧。只有这样，教师才能从学生的兴趣和需要角度出发设计任务，充分调动学生的积极性，激发学生的学习动机，提高学生的自主学习能力，最大限度地使学生参与学习的全过程。

5. 评价体系要完整

教师实施任务型语言教学时不仅要改变一些传统的教学模式，还要相应地改变教学评价方式。传统的教学评价方式往往只强调终结性评价，忽视对学生学习过程及学生日常学习行为的评价，使得部分学生学习英语的动机和目的就只是考试或升学。这种工具型的学习动机显然不易激发学生学习英语的积极性，不利于保持其学习的持久性。同时，这种评价体制也降低了教师探索语言教学改革的积极性。为此，必须改变传统的评价方式，加大教学形成性评价的力度和比例，重视行为表现评价。行为表现评价可以引导学生关注学习的实际过程和自己的学习行为表现，有助于发挥学生的主动性、能动性和创造性，并使其随时反思自己的学习，取得较好的学习成果。

任务型语言教学提倡的教学理念，以及它所坚持的教学原则和它自身具有的基本特点，有利于调动学生的主动性和创造性，发展其实际的语言交际能力。通过合理地设计和实施任务型语言教学活动，教师可以有效地实现教学目标。同时，任务型语言教学能培养学生在完成学习任务的过程中的自主学习意识，增强其学习自主性。

第三节　教学系统设计优化的理念与方法

教学系统设计是 20 世纪 60 年代以来逐渐形成和发展起来的一门实践性很强的新兴学科，是教育技术学领域的一个重要分支。作为教育技术科学体系中的核心内容，教学系统设计以解决教学问题、优化学习为目标，其理论和实践吸收了多个学科的研究成果，包括心理学、教育学、系统科学等，属于跨学科的研究领域。

一、教学系统设计

教学系统设计最早萌芽于工业培训领域，到20世纪60年代才逐渐被引入学校教育当中，并作为一门独立的知识体系得到迅速的发展。目前，教学系统设计在正规的学校教育、全民的社会教育和继续教育，以及工业、农业、金融、军事、服务等各行各业的职业教育和培训领域中都得到了广泛的应用。美国、加拿大和澳大利亚的职业培训与英国的开放大学及日本等国的中小学教育中均在课程设置、培训计划和教材资源等方面开展了教学系统设计，取得一定的成功。在我国的九年义务教育的文字教材与音像教材编制中，在全国中小学计算机辅助教学软件的开发中，在职业高中、高等院校的部分课程设置和多媒体教材设计中，以及大、中、小学的课堂教学上，教学系统设计的理论和思想也在逐步被接受，教学系统设计的实践正越来越被人们重视。

（一）教学系统设计的目的和作用

教学系统设计的目的是将学习理论与教学理论的原理转换成对教学目标、教学内容、教学方法、教学策略和教学评价等环节进行具体创设的教与学的系统或程序，用于解决实际的教学问题，形成能够实现预期功能的教与学系统。教学系统设计可以是直接应用于教学过程，完成一定教学目标的教学资源、印刷教材、音像教材、学习指导手册、测试题和教师用书等内容；也可以是对一门课程的设计大纲与实施方案或是对一个单元、一节课教学计划的详细说明。教学系统设计的研究对象是不同层次的教与学的系统，这一系统中包括了促进学生学习的内容、条件、资源、方法、活动等，创设教与学系统的根本目的是帮助学生达到预期的学习目标。教学系统设计的研究需要探索教与学系统中各个要素之间及要素与整体之间的本质联系，并在设计中综合考虑和协调它们的关系，使各要素有机结合起来以完善教学系统的功能。

教育和教学理论是发展历史比较悠久的学科，通常它着重研究教育和教学的客观规律，通过一套范畴（概念），如教育和教学的任务、内容、过程、原则、方法、组织形式和效果等，建立从“教”的角度出发的基本理论体系，揭示教学机制，但它并不研究学生学习的内部机制。而学习理论则探索人类学习的内部心理机制，着重研究学生学习的内部因素。这两方面的基本理论为解决教育和教学问题、制订和选择教学方案提供了关于教学机制和学习机制方面的科学依据。教学系统设计为了追求教学效果的最优化，不仅关心教师如何教，更关心学生如何学，并在系统分析和解决教学问题的过程中把人类对教与学的研究成果和理论综合应用于教学实践当中。教学系统设计起到的连接学科的作用是指教学理论与学习理论在设计实践中连接起来，也就是教学系统设计把教与学的理论与教学实践活动紧密地连接起来。教学系统设计也是一门设计学科，它存在于教学的设计实践当中。教学系统设计的本质在于决策、问题求解和创造，并侧重于问题求解中方案的寻找和决策的过程。它不是发现客观存在的、还不曾为人所知的教学规律来解决教学问题，而是要运用已知的教学规律去创造性地解决教学问题。面向实际是教学系统设计的一个突出标志，这有利于推动高校英语教学发展。

（二）教学系统设计的基本层次

系统论认为系统是由相互作用和相互依赖的若干组成部分结合成的，具有特定功能的有机整体。教育技术学者在长期探索中确定了以系统论的思想和方法为指导教学系统设计思想，把教学作为系统来研究，并用系统方法来设计教学。按照系统论的基本思想，为达到一定的教育、教学目的，实现一定的教育、教学功能的各种教育教学组织形式被看成教育系统或教学系统。社会向高校教育提出人才需求，提供教育资源、教职员、教材、设备、设施等，而高校系统则通过各类教育工作把学生培养成社会需要的人才。高校系统通过人才是否达到预期目标或社会进步是否提出新要求的反馈信息来对教学系统进行调整，以保持在社会系统中的动态稳定。

教学系统是教育系统的子系统，它可以是学校的全部教学工作，也可以是一门课程、一个单元或一节课的教学，或是为达到某种教学目的而实施的、有控制的教学信息传递过程。教学系统包含教师（人员要素）、学生（人员要素）、教材（教学信息要素）和教学媒体（物质要素）等四个最基本的构成性要素，是系统运行的前提，组成了系统的空间结构。这些要素之间的相互作用、相互依赖、相互制约的关系又构成了系统输入和输出之间复杂的运行过程，也就是我们常说的教学过程。教学系统的功能就是通过教学过程运行的结果来体现的。

确定将要设计的教学系统的基本层次使高校设计教学系统时对所要设计的系统有了一个更明确的定位。若从管理的角度看教学系统，也应该对教学系统多个层次全面考虑，但由于立足点是管理层次，这时管理层次是系统的基本层次；依此类推，若从教学的角度看教学系统则应以教学层次为系统的基本层次；而从学生学习的角度看教学系统则应以学习层次为系统的基本层次；以不同的系统层次为基本层次，就是设计的教学系统进行不同的定位。

在教学系统之外还存在着广泛的社会系统，它构成了教学系统的应用环境。教学系统只是一个子系统，而社会大系统中许多其他的子系统都与教育有关，它们具有提供学习资源的潜在可能性，即在这些子系统之中有各种资源、机会、设施等可以被运用于教学系统之中。教学系统设计的一个重要任务就是要将教学系统（特别是学生的学习系统）与具有提供各种资源的潜在可能性的社会系统联系起来。

教学系统设计也相应地具有不同的层次，即教学系统设计的基本原理与方法可用于设计不同层次的教学系统。到目前为止，教学系统设计一般可归纳为三个层次：以产品为中心的层次，以课堂为中心的层次，以系统为中心的层次。上述三个层次是在教学系统设计发展过程中逐渐形成的。但是也可以把教学系统设计分为宏观和微观两个层次：规模大的项目，如课程开发、培训方案的制订等都属于宏观层次的教学系统设计；而对一门具体课程、一个单元、一堂课、一个媒体材料的设计，都属于微观层次的教学系统设计。产品、课堂、系统三个层次都有相应的教学系统设计模式，在具体设计实践中，教师可以按照自己面临的教学问题的层次，选用相应的设计模式。

（三）教学系统设计的构成要素

教学系统的功能会在教学过程中得以实现，其中涉及很多要素，如教师、学生、系统管理人员、教材、设备、媒体，教学目标、教学内容、教学策略、教学评价等。在这里，如果从教学组织者的角度出发，根据在组织教学时各个要素是否可被设计，可以将它们分为静态要素和动态要素两类。

静态要素就是在组织教学的过程中相对稳定的、教学的组织者一般不予设计的要素，包括技术支持、物质环境、管理、信息资源、教学组织者和学习者等。其中，技术支持要素是指多媒体、网络教学系统的硬软件配置；物质环境要素是指教室的空间结构、桌椅的摆设、照明、温度、噪声、湿度、色彩等；管理要素是指管理者的素质、管理规章制度的合理性等一系列与管理维护有关的要素；信息资源要素包括课件、题库、网络资源等供教师和学生使用的多媒体资源；教学组织者要素是指教师的综合素质，其中包括教师应用计算机的能力；学习者要素是指学生的综合素质，其中也包括学生应用计算机的能力。

动态要素是指在实现多媒体网络教学系统功能的过程中，由教学的组织者灵活掌握的要素，包括教学内容、教学目标、教学策略、教学媒体、教学实践和教学评价等。其中，教学内容要素是指学生系统学习的知识、技能和行为经验的总和；教学目标要素是指通过教学活动，学生应该掌握的知识和技能，培养的态度和情感，用可观察、可测定的行为术语精确表达出来的学习结果；教学策略要素是指为了完成特定的教学目标所采用的教学模式、程序、方法、组织形式和对教学媒体的选择与使用的总体考虑；教学媒体要素是指直接加入教学活动，在教学过程中传输信息的手段；教学实践要素是教学设计方案的具体体现，同时也为进一步修改教学设计提供实践经验；教学评价要素是指以教学目标为依据，运用一切有效的技术手段，对教学活动的过程及其结果进行测定、衡量，并给予价值判断的过程。

二、教学系统设计与教学模式

尽管教学系统设计的过程不尽相同，但是由于教学系统设计中的基本要素是稳定存在的，因此它们构成了教学系统设计过程的共同要素特征。共同要素特征主要包括：教学目标分析；学习者特征分析；教学模式和策略的选择与设计；教学环境设计；教学设计结果的评价。将教学设计过程分解为诸多要素的目的是深入地了解、分析和把握整个教学系统设计过程的技术，从教学体系的整体功能出发，在教学实践中对各要素综合考虑，使其产生整体效应。教学系统设计过程的模式既具有稳定性，也具有灵活性和开放性。教师在学习和借鉴他人模式的同时，还要能够根据实际的教学情况，创造性地运用和开发自己的模式。

从教学系统设计的理论基础和实施方法看，不外乎分为三大类：以“教”为主的教学系统设计模式；以“学”为主的教学系统设计模式；以“教师主导—学生主体”为主的教学系统设计模式。可以看出，这三种教学系统设计的模式是和三种类别的教学模式——以教师为中心的教学模式、以学生为中心的教学模式和以教师主导—学生主体为主的教学模式相对应的。

（一）以“教”为主的教学系统设计模式

这个教学系统设计模式的理论来源主要是行为主义和认知主义的学习理论。该教学系统设计的过程强调四个基本要素，着重解决三个主要问题，合理安排十个教学环节。

四个基本要素是指教学目标、学习者特征、教学资源和教学评价。实际上，任何教学系统的设计过程都离不开这四个基本要素，它们构成了整个教学设计模式的总体框架。

三个主要问题分别是根据教学的需求分析来确定教学目标；根据教学目标的分析确定教学内容和教学资源，并结合学习者特征的分析确定教学策略和教学方法；进行教学评价、检查和评定预期的教学效果。

十个教学环节包括以下方面：①了解教学条件，确定学生学习的需要和学习的目的；②选择课题与任务；③分析学习者特征；④分析学科教学内容；⑤阐明教学目标；⑥实施教学活动；⑦利用教学资源；⑧提供辅助性服务；⑨进行教学评价；⑩预测学生的准备情况。

需要说明的是，教学系统设计过程中的教学目标是对学生能达到的学习状态的明确而具体地表述，而且教学目标应是可观察、可测量、可操作的。教学内容是指为实现教学目标，由教育行政部门或培训机构有计划安排并要求学生系统学习的知识、技能和行为经验的总和；主要包括选择与组织单元、确定单元学习目标、确定任务类别和分析任务及评价所选内容等步骤。近些年来，在教学内容组织编排的各种方式中，较有影响的有三种：一是布鲁纳提出的螺旋式编排；二是加涅提出的直线式编排；三是奥苏贝尔提出的渐进分化和综合贯通原则。在编排教学内容时，可根据学科特点对上述三种观点进行综合运用。

教师实施教学活动时势必会涉及教学策略的选择和运用。教学策略是为了完成特定的教学目标而采用的教学活动的程序、方法、形式和媒体等因素的总称。教学策略的设计最能体现教学设计的创造性。目前较流行的以教为主的教学策略有先行组织者策略、五段教学策略、九段教学策略、假设—推理策略等。

教学评价主要有两种形式，形成性评价和终结性评价，其中，形成性评价是在某项教学活动的进程中，为使活动效果更好而不断进行的评价，它能及时了解阶段教学的结果和学生学习的进展、存在的问题等，以便教师及时反馈、调整和改进教学工作；终结性评价属于事后评价，一般是教学活动告一段落时对被评价者取得的较大成果做出的全面鉴定、区分等级，该评价可以对整个教学方案的有效性做出评定。

教学系统设计过程较为灵活。在以教为主的教学系统设计模式中，教师可以根据教学的实际情况和自己的教学风格从上述任何一个环节开始，并按照任意的顺序进行教学设计。此外，评价与修改贯穿在整个教学过程中。以教师为中心的教学系统设计模式具有较强的实用性和可操作性，它允许教师按照自己的意愿来自由安排教学的各个环节，这一模式在世界范围内一直有着广泛的影响。随着行为主义和认知主义的结合，这一教学模式也逐渐接受了“连接—认知”学习理论的基本观点，在教学系统设计的过程中不仅考虑学生的学习基础和知识水平，同时也十分重视分析学生的认知特点和认知能力对其学习过程的影响。

（二）以“学”为主的教学系统设计模式

这种教学系统设计模式是以建构主义理论为指导进行的，主要包括以下几个教学环节：①教学目标分析；②学习者特征分析；③学习情境创设；④信息资源的设计与提供；⑤自主学习设计；⑥协作学习设计；⑦学习效果评价设计。

需要注意的是，在这种以建构主义教学理念为指导的设计模式中非常重视对学习者特征的分析，该模式把学生看作是学习的主体，是意义的主动建构者。对学习者特征分析的主要目的是通过设计适合学生能力与知识水平的教学内容和问题，提供丰富的学习资源和给予恰当的指导来促进学生的学习。

建构主义强调学生要完成真实环境下的任务，在完成真实任务过程中达到学习的目的。但真实的任务是否能体现教学目标及如何体现，就需要教师对学生的学习内容进行深入的分析，明确学习内容的类型及知识内容的结构体系，根据不同的知识类型，将学习内容嵌入建构主义学习环境的不同要素中。建构主义主张学生要在真实的情境下学习，要减少知识与解决问题之间的差距，强调对学生知识的迁移能力的培养。因此，以“学”为主的教学设计模式强调学习情境设计，强调为学生提供完整、真实的问题背景，还原知识的背景。

学生为了了解问题的背景与含义、建构自己的问题模型和提出问题解决的假设，需要知道有关问题的详细背景，学习必要的知识。因此在教学系统设计时，教师必须全面考虑学生解决这个问题需要查阅哪些信息资料、需要了解哪些方面的知识，最好能建立系统的信息资源库（或使用现有的资源管理系统），并提供正确使用搜索引擎的方法，即进行学习资源设计。

建构主义非常重视教学中自主学习策略的设计。教师在设计自主学习策略时，主要考虑主、客观两方面因素：主观是指作为学习主体的学生所具有的认知能力、认知结构和学习风格；客观是指知识内容的特征，它决定学习策略的选择。除了这些智力因素以外，主观方面还包括非智力因素，其中智力因素对学习策略的选择至关重要。

建构主义认为，学生是学习的主体，但它并没有忽视教师的指导作用，任何情况下，教师都有控制、管理、帮助和指导的职责。由于不同的学生采用的学习路径、遇到的学习困难不同，教师需针对不同情况做出适时反馈，而且在教学实践中要注意对学生学习的引导和启发，使他们朝着有利于自身意义建构的方向发展。

建构主义主张评价内容不能局限于客观的教学目标，还应该包括学习任务的整体性评价、学习参与度的评价等，即通过让学生去实际完成一个真实任务来检验学生学习结果的优劣。建构主义主张学习是自我建构知识意义的过程。因此，源于建构观的评价并不强调使用强化和行为控制工具，而提倡使用自我分析和元认知工具。

（三）以“教师主导—学生主体”为主的教学系统设计模式

“教师主导—学生主体”的教学系统设计模式是基于“教”和“学”的两种教学系统设计的模式。该模式既强调要发挥教师在教学中的主导作用，又要体现学生在学习中的主体地位，能够适应实际教育的各种情况，对高校英语的教学有积极作用。无论是从理论基础来看，还是从实际的设计方法来看，这种教学系统设计模式都是以“教”为主和以“学”为主两种教学系统设计相结合的产物。其目的就是使上述两种教学系统设计模式实现优势互补，以期获得最佳教学和学习效果。这一教学系统设计的主要环节如下。

①分析教学目标，确定教学内容、教学顺序或学习主题。

②分析学习者特征，确定学生的基础知识、认知能力和认知结构变量。

③确定教学的起点。

④根据教学内容和认知结构变量决定是选用“传递—接受”的教学分支（以“教”为主的教学模式），还是选用发现式教学分支（以“学”为主的教学模式）。

⑤确定先行组织者。

⑥根据组织者与学习主题的呈现要求，选择和设计教学媒体。

⑦设计教学内容的组织策略。

⑧进行形成性评价。

⑨采用其他补充的教学策略。

⑩促进知识迁移。

⑪结束。

如果进入以学为主的发现式教学分支，接下来的环节就是：学习情境创设；信息资源的设计与提供；自主学习设计；协作学习设计；学习效果评价设计；强化练习设计；促进知识迁移；结束。

“教师主导—学生主体”的教学系统设计从方法和步骤上来看，是以“教”为主和以“学”为主的教学设计方法和步骤的综合，同样也涵盖了教学系统设计过程的基本要素，只是这种教学系统设计模式既可以根据教学内容和学生的认知结构灵活地支持以“教”为主或以“学”为主的教学设计，也可以利用其公共部分和相互跳转的特性实现“教师主导—学生主体”的教学系统设计模式，教师在实际教学中可以灵活选择以“教”为主或以“学”为主的教学策略。

第三章　高校英语教学模式存在的问题

随着高校英语教学模式的发展，其发展过程中也出现了一些问题。本章为高校英语教学模式中存在的问题，第一节为教学模式实施程序中存在的问题，第二节为教学模式宏观系统中存在的问题，第三节为高校英语教学模式出现问题的成因。

第一节　教学模式实施程序中存在的问题

教育是一种有目的的、培养人的社会活动，是人类所特有的一种有意识的活动，带有强烈的目的性。教育活动包括三种基本要素：教育者、受教育者、教育影响。教学模式是教育活动中的主要载体之一，教育者通过开设有效的教育模式，产生不同的教育影响。因此，教育模式的具体实施程序离不开设置教育模式的具体内容，如教学目标、教学内容、教学方法、教学评价等。在探讨高校英语教学模式的过程中，在其具体应用阶段会发现诸多问题。

一、教学目标存在的问题

在教学模式中，教师首先需要明确教学活动实施后得到的成果是什么，即教学目标。整个教学模式实施过程中，教学目标是最主要的风向标，且始终围绕着它而展开教学活动。教学目标的导向作用在教学模式的实施程序中十分重要，它可以规范并导向教师和学生的教与学的活动。此外，教学目标的作用还表现在以下三个方面：①教学目标是选择教学方法的依据；②教学目标是进行教学评价的依据；③教学目标指引学生学习。因此，在教学模式的具体运用程序中，教学目标的地位不可撼动。但是，在当今中国高校英语教学模式内，英语教学目标的设置存在着诸多的问题，成了制约高校英语教学模式发展的问题之一。

（一）教学目标过时

为了适应国际化的发展需要，美国、英国等国家的高校纷纷开始实行争夺优秀人才的措施，陆续开设以英语为媒介的国际化学位课程。1999 年，德国高校在欧盟发布《博洛尼亚宣言》后，已经着手改革，这类课程受到学生的热烈欢迎。据调查，当前德国这类课程在高校课程中已占一定的比例，其外国留学生的比例在 2004 年时已经达到 10%。德国等西欧、美国高校的改革已经走在时代的前列，并取得了卓著的效果。

但是，反观国内的英语教学，在教学目标的设置上并未做到与世界接轨、同步。目前，在中国的部分高等院校内，英语课程的教学目标均存在此类问题，并未做到紧跟时代步伐，与时俱进，反而步伐缓慢，甚至停滞不前。在中国部分高校内，英语课程的教学目标依然是中英混合，并未达到全英的英语教学高度。因此，因高校英语教学目标的过时，高校英语教学模式的具体实施过程出现了诸多疑难问题，制约着英语教学模式的发展。

（二）教学目标统一化

教学目标设置的目的之一是为学生指明学习的方向。因此，教师在设置教学目标时，首先考虑的因素是学生。每一位学生都是一个个独立的个体，有自己的特色，学生在各个方面均存在着差异性，在英语学习上亦如是。

首先，每一位学生的英语学习能力不同。在英语的学习上，一部分学生的语言天赋突出，学习英语能力强；但不可否认的是，另一部分学生在英语学习上非常吃力，即使他们付出百倍的努力，依然难以达到天赋较高的学生的学习水平。其次，每一位学生的英语基础不同。学生在初高中阶段的学习为其在英语方面的学习打下了一定的基础。但是，他们的英语基础是不平衡的。我国大部分地区高中阶段的英语课程标准是《普通高中英语课程标准》，在这一标准的指导下，高中生的英语基础显著提高。但是由于不同地区教学质量的差异，使得高校内学生的英语基础存在一定程度上的、短时间内难以消弭的差距。再次，每一位学生的学习需求不同。我国高校的英语教学目标旨在培养学生对英语的通识性知识的掌握能力。但是，在高校阶段，学生的选择性更多，对英语学习的需求各不相同。有些同学需要考研，为以后升学打基础；有些同学需要考托福或雅思，为以后出国做准备等，而高校英语课程的教学目标并未与高校学生的学习需求相匹配。最后，中国高等院校内专业分类逐渐细化，不同专业的学生，对英语学习有不同的需求。因此，要以学生的学习能力、学习基础、学习需求、学习专业等为依据，依照学生的特色设置相应的教学目标。

但是，目前中国部分高校英语的教学目标是统一的、批量化的、僵硬的，并未充分考虑学生的个人特色。在教学目标的具体设置过程中，高校英语教学并未做到以学生为主体，忽视了学生的个体差异性。在教学模式的实施过程中，高校英语教学未能充分发挥学生的主观能动性，也并未充分发掘学生的优势及特色。除此之外，一致化的教学目标一方面束缚了高水平学生的学习；另一方面耽误了基础较差的学生，使其英语水平的提高遥遥无期。总体而言，这种统一化的高校英语教学目标在很大程度上制约着高校英语教学模式的发展。

（三）教学目标不明确

高校英语教学活动在考虑教学目标时，应以《大学英语课程教学要求》为依据。据《大学英语课程教学要求》的规定，高校英语的教学目标是培养学生的英语综合应用能力，特别是听说能力，使他们在今后学习、工作和社会交往中能用英语有效地进行交际。但是仔细思量，在《大学英语课程教学要求》中的教学目标并不明确，目标比较含糊、空泛，难以具体把控。

首先，该要求中并未明确学生的英语综合应用能力具体指向哪些能力，只是强调了英语听说能力的重要性。其次，该要求并未明确学生的英语综合应用能力具体要达到哪种程度。高校仅仅是依靠每年的期末考试、全国大学英语四、六级考试等对学生学习进行检测。一纸考卷，并不能准确地说明学生的英语综合应用能力，尤其是听说能力。再次，该要求只是概括地说今后的学习、工作、社会交往中学生对英语的应用，并未明确学生今后的学习、工作、社会交往是何种性质的，如何使用英语，进行什么样的交流活动。在今后的学习、工作、社会交往中，各种可能皆有。各种学习环境、学习方式、学习对学生英语学习的要求各不相同；工作类型多种多样，对英语的学习要求程度不一，社会交往中问题纷杂、领域广阔、对象复杂，这些也使学生英语的学习方向不尽相同。最后，该要求并未明确在今后的英语教学中，教师该使用何种手段进行教学，并提高学生的英语综合能力，尤其是听说能力。教学手段的不明确，一方面给予了任课教师很大的发挥空间，对英语教学模式的实施起到促进作用；但是另一方面，因未明确具体的教学手段，某些英语教师在教学模式的具体实施过程中，对教学模式难以把握，无从下手，从而阻碍英语教学模式的发展。

高校英语教学目标的不明确化，使得高校学生对英语的学习仅限于一些皮毛知识，其英语能力仅仅能够应付一般的日常生活交际，停留在基础水平。在今后的工作中，其英语能力根本无法应对专业性的需求。因教学目标的不明确化，促使部分英语教师在教学模式实施中有空可钻，打擦边球，从而阻碍了高校英语教学模式的发展。

（四）教学目标过于简单

目前中国大部分高校的英语教学目标在具体实践中，唯一清晰明确的是帮助学生通过全国大学英语四、六级考试，并未做到提高学生的英语综合能力，尤其是听说能力的培养。很多学生在通过全国大学英语四、六级考试后，就再未学习过英语。结合本节内容第一点，现今英国、美国等国家的英语课程已经逐渐国际化，开设全英课程。反观中国部分高校的英语教学目标，实在是过于简单。这种过于简单的教学目标，致使高校内的学生在英语学习上对自身要求过低，也使教师在教学模式的设置上受限。因此，教学目标的简单化不仅制约着教师教的活动，也制约着学生学的活动。

综上所述，目前部分中国高校的英语教学存在问题：教学目标过时，并未走向国际化、与时俱进；教学目标统一化，并未做到因人而设、具体问题具体分析；教学目标不明确，过于笼统模糊；教学目标过于简单等。这些问题的存在，使英语教学存在诸多疑难问题，如学习要求模糊、简单等，使得英语教学活动在开展时困难重重，阻碍了高校英语教学模式的具体实施。

二、教学内容存在的问题

教材是学生学习一门课程的基础，是课程实施的有力保障，是顺利完成教学内容的必要条件。目前，中国高校英语教材建设成果丰硕，教材种类丰富多样。中国高校英语课程使用率较高的教材有《大学英语（全新版)》《新视野大学英语》《大学体验英语》《21 世纪大学英语》《新时代交互英语》等。其中，高校使用前两种英语教材最多。虽然现今中国高等院校内英语教材种类繁多，但是在教材的满意率上，据教师和学生的反映，颇低。在高校英语教材的编写上存在众多问题，这些问题也成了高校英语教学模式中的问题。

（一）教材编写缺乏有效准则

据汉语词典解释：准则是指遵循的标准或原则。准则是人们行为规范标准之一，促使人们的行为规范化，指引人们前进的道路。在高校英语教材的编写上，同样需要准则进行规范。高校英语教材编写的规范化，会对英语教学活动产生重要的积极作用，不仅能促进学生英语能力的提升，还能对英语教师的教学活动起到推动作用。但是，当今中国高校对英语教材的编写并未有统一规定，缺乏相应有效的准则。

高校英语教材的编写缺乏准则，缺乏规范，使得各种高校英语教材涌入市场，质量不一。质量低劣的英语教材被高校引入教学活动中后，并不能提高学生的英语能力，同时也限制了高校内英语教学活动的开展，使得高校内多种多样的英语教学模式在具体实施时困难重重。

（二）教材内容不合理

当今中国高校的英语教材编写活动缺乏行之有效的准则，致使各种各样的教材在内容、质量上参差不齐，存在诸多问题。首先，在教材具体内容分配上，练习、生词的内容过多，其他方面较少。其次，从教材整体上来看，教材内容主要服务于全国大学英语四、六级考试，与学生的实际长远需求不符，且难易程度设置不科学。最后，在教材内容的适应上，缺乏本土文化。这些问题的存在，暴露了当前我国高校英语教学模式中的问题。

1. 教学内容练习量、生词量过大

我国高校英语教材内容的编写虽然不断调整、更新，但是在具体内容的分配上，依然留有诸多的问题。当前，我国高校内的大学教材多使用《大学英语（全新版)》和《新视野大学英语》两种。这种教材都分为两类：一是读写教材；二是听说教材。其中，上课内容皆以读写教材为主，听说教材一般为辅助性教程。

学者蔡基刚、唐敏指出，现今的高校英语教材厚度逐渐增加，练习部分内容逐渐增多，配套教材亦逐渐增加。[①] 在《大学英语（全新版)》第四册课本中，每课内容均达到了 29 页。在增加的众多内容中，练习内容增加比重最大，且练习内容多为以书写方式完成。这种练习内容的增加，促使高校英语教学过分注重对文本材料的教学，限制了高校英语教学模式的发展，使得高校英语教学模式忽视学生在课堂上的英语语言练习，从而限制学生英语综合能力的提升。

此外，在各种版本的高校英语教材中，生词的数量都不少。各版本的高校英语教材，其中的生词量及其解释均有数页之多。其中，个别教材的生词量在总体单词中占多达 8%，甚至达到 10%。曾经有学者说过，教材中的生词量占比控制在总体单词量的 2%是最合适的，一旦一篇文章的生词量超过 5%，此篇就已不再适合学生阅读学习，应该弃之。英语课文阅读中的少量生词，可以帮助学生学习，但是，生词量的过多会加大学生的难度及压力，出现适得其反的教学效果。

---

① 蔡基刚，唐敏．新一代大学英语教材的编写原则 [J]. 中国大学教学，2008 (4)：85—90.

并且生词量过多时，需要教师讲解，但每节课的课时是固定不变的，这样就会在单词上耗费过多时间，使已经设计好的教学模式在教学内容上出现偏离，难以实施。

2. 教材内容编写为全国大学英语四、六级考试服务

当前中国高校内的部分教材，其内容在编写上均以全国大学英语四、六级考试的需要为主。例如，在某版本大学英语教材的前言中特地指出，在教材中的习题部分，有一定数量的全国大学英语四、六级考试题型。除了部分教材在练习上贴合全国大学英语四、六级考试外，还有部分教材在词汇学习上以全国大学英语四、六级考试词汇为主。还有一个版本的英语教材在前言中专门提到此书涵盖了全国大学英语四、六级考试词汇，此版本英语教材指出，教材中的前四册涵盖了全部的四级词汇，在第五、六册教材中涵盖了全部的六级词汇。

此类问题已经得到部分人的关注，并意识到其危害性。当今很大部分高校英语教材在生词量的处理上，均注重突出全国大学英语四、六级考试的词汇；并且在教材中，设计的练习均同全国大学英语四、六级考试的题型类似，并常常出现全国大学英语四、六级考试的模拟题，甚至是原题。

这种教材编写方式与全国大学英语四、六级考试相契合，但完全脱离提高学生英语综合能力的初衷，使得教学内容饱受全国大学英语四、六级考试的限制，出现本末倒置的现象。针对此种问题，一些人纷纷发表自己的见解，反对这种教材编写方式。目前高校内的全国大学英语四、六级考试已经无法真正地促进学生的英语学习，此种风气下，难以贯彻正确的英语学习理念。针对考试而学，是学不好英语的；因学生大多为考试而学，也促使部分教师为考试而教。长此以往，此种错误的学习观念会严重影响高校英语教学模式的发展。

3. 教材内容难易程度不科学

对英语等外语的学习，需要尤其注重学习材料的真实性。真实的外语学习材料，在学生理解外语语境上有莫大的帮助。不然，对外语的学习极容易同母语语境相混合。结合中国的实际情况，此类学习会使学生容易形成“中式英语”，使得学生在对英语的学习上产生困惑，不利于其对英语语境的理解。真实的英语语境，能够帮助学生提高英语的综合运用能力。但是，在现实中，对真实英语境的把握十分困难。可以说，真实的英语语境等同于语言材料的真实性，而语言材料的真实性和教材难易程度在英语教材的编写上，构成了一对难以调和的矛盾。

在教材编写的过程中，为了调整难易程度，使其适合学生的学习水平，教材

编写人员一般会对节选的原文材料进行再加工处理，一般处理方式有两种：一是删除；二是修改。这种经过再加工处理的原文材料，因不同程度的删减、修改，已经不再是真实的语言材料了，它失去了真实的英语语境。这种情况对学生的学习产生了极大的消极性影响，同时也破坏了原文的写作风格，破坏内容的完整性，甚至与原文意旨截然相反，出现中英语境混淆的现象。

高校对目前正在使用的英语教材进行调查后发现多种教材均存在此种问题，难以做到语言材料真实与难易程度适当地相结合。大部分教材对课文难易程度的判定标准是篇幅长短。借鉴邓昭春的研究成果可以证实此点，邓昭春教授对《大学英语（全新版）》《新编大学英语》《21 世纪大学英语》等三种教材进行了详细透彻地研究，发现这三种教材在难易程度的编写上均有此类问题。其中，邓昭春教授细致地以《21 世纪大学英语》为例，指出了其问题所在。此版本的英语教材，单元之间难易程度波动比较大。除此之外，每册教材的难度递进程度不明显，教材在整体上难度可谓是相当。①

对英语原文材料的再加工，致使其失去了原有英语语境的真实性，使得教师在教学模式的具体实施中受到限制；而课文的难易程度等同于其篇幅长短的错误认知使得教材难易程度区分不大，致使教师在具体的教学模式实施中，难以激发学生的挑战心理，更不利于学生英语能力的提高。

4. 教材内容缺失本土文化

通过英语等外语的学习，学生不仅要掌握外国的文化、历史等情况，更要以英语为渠道输出本国的文化，把中国传统文化推向世界。但是，据调查显示，目前国内高校使用的英语教材在对中国本土文化的处理上，往往采取边缘化的措施，出现本土文化缺失现象。

此种现象在多种版本的英语教材中均存在。通过对《大学体验英语》和《大学英语（全新版）》的分析发现，教材中的英美文化取向尤其突出，而教材中涉及的中国本土文化少之又少。

教材内容在设置中外文化比重上的不当，使得具体教学模式实施过程中所蕴含的中外文化比例失衡，最终出现顾此失彼的局面。这也是大部分高校英语专业学生在毕业后选择留学深造的原因之一，最终致使大批优秀人才流失。

5. 教材内容的需求过于狭窄

需求是产生动机的主要内因。综合以上四点内容可知，当今的大部分高校英

① 邓昭春 . 写作训练教程 [M]. 北京：中国农业出版社，2000.

语教材在需求上过分重视学生的眼前需求，而未能做到从长远角度考虑学生需求。教师是教学活动中的主体之一，因此在编写教材时，还应考虑教师的需求。且在当今社会，教育除了具备教育个人的作用，还有一定的政治经济作用，教育要为国家的政治经济发展服务，要符合国家需求、社会需求。

首先，针对学生的需求，仅考虑学生对通过全国大学英语四、六级考试的需求，并未能从学生的长远发展需求着手。高校的目的是培养一批优秀的人才，能够为国家建设做贡献，并不是简单地让其应付考试。因此，从长远来看，高校的英语教材并不能满足学生工作后的英语需求，导致很多学生在走向工作岗位后，依然要报班学习英语，增加其负担。其次，从教师的角度分析，对教材的编写，同样需要重视教师的需求。在教学活动中，教师自始至终是主体之一，其地位不可替代。“工欲善其事，必先利其器。”只有优秀的教材，才能促使教师在教学模式的实施中充分发挥其作用。最后，从国家层面的需求分析。当今世界的竞争日益激烈，各国国际化的需求日益迫切，对优秀人才的需求日益紧迫。反观中国的高校英语教材，远远不能满足此种需求。此外，高校英语教材内容中对中国本土文化的弱化，也同国家发展的需求相背离。

（三）教材使用率低

高校英语教材编写过程中和内容上的诸多问题最终会反馈到教材使用上。在当今中国各高校内，学生对英语教材的使用率、满意度均不高。

高校使用的教材多分为两类：一是读写教材；二是听说或视听说教材。据调查数据显示：学生对教材的使用情况十分不理想。读写教材中，《大学英语（全新版)》的使用率约为 38.9%；《新视野大学英语》的使用率约为 49.3%；《新时代交互英语》使用率约为 5.3%；还有其他类的教材约占 6.8%。听说或视听说教材中，《大学英语（全新版)》的使用率约为 30.1%；《新视野大学英语》的使用率约为 35.1%；《新时代交互英语》使用率约为 50.4%；还有其他类的教材约占 6.8%。

在教材的选择上，部分高校并未做统一性规定，允许学生自由选择。因此，上述的统计数据，各类英语教材在总和上超过了 100%。因教材选择的自由性，部分英语能力强的学生根本不需要英语教材。因此，在统计学生购买数量时，有些学生未购买任何版本的教材。而学生自制力差的学生，因教材购买不再监督、强迫，使得此部分学生也选择不购买教材。

在购买教材的学生当中，真正使用的并不多。很多学生都在购买后，将其束之高阁。据统计，高校内的学生在英语学习过程中，对教材的学习比重最低时可降至0%。虽然不排除部分学生英语能力超强的特殊情况，但是教材毕竟是学生学习的主要依据，使用率为0%的情况确实存在着诸多不合理之处。据数据显示，学生对教材学习比重平均仅有53.55%，而每周学习教材时间更是少之又少，平均只有5.72小时，最高的也仅有30小时。

对教材的使用率过低，在一定程度上给予了教师更多自由发挥空间，充分发挥主观能动性。但是，因教材缺失，英语教学过程缺乏规范性；且因对教师的要求过多，增加教师的负担，使得部分能力较差的教师难以负担。因此，在英语教学模式中难以充分发挥其作用，使得教学模式的实施过程混乱不堪，难以获得良好的教学效果。

三、教学方法存在的问题

在教学活动中，依据教学目标，可以完成教学任务，实现教学目的。为此，教师和学生会采取各自的方式方法。这种在教学活动中为使学生获得知识，促进其身心发展而采取的方法，就是教学方法。教学方法多种多样，“教无定法，贵在得法。”恰当的教学方法不仅能够优化学生的学习活动，而且能够优化教师的教学活动，实现双赢的局面；反之，会对教师与学生起到阻碍的作用。在教学方法的指导思想上，可把纷杂的教学方法总结归纳为两类：一是注入式或者是填鸭式；二是启发式。这两种指导思想截然相反，前者忽视学生的主观能动性，饱受诟病；后者提倡学生的学习自主性，得到大力支持。在高校英语教学模式中，运用正确的教学方法，可使教学效果事半功倍。但是，纵观当今高校英语教学模式所运用的各式各样的教学方法，问题颇多。

（一）教学方法理论与实践相脱节

理论源于实践，实践升华为理论。在正确的理论指导下，实践过程才会一帆风顺。高校英语教学模式的发展，关乎国家育人大计。因此，关于高校英语教学模式中教学方法的研究一直在进行。但是，在实际教学中，却出现了方法和实践相脱节的现象。

在教学方法理论的研究中，大部分研究者并未有过高校英语的教学经验，其研究依据多是晦涩难懂的英语教学理论。在此种研究方法下得出的教学方法可行性并不高，具体实施到教学课堂上难以操作，问题诸多。而大多一线的高校英语教师虽然有科研任务，可运用其丰富的教学经验进行教学方法的研究，但是大部分教师精力有限，在科研上能力不足。这两种情况，从根本上遏制了教学方法理论研究与实践的融合发展。

对于上述第一种情况，一部分学者已经逐渐认识到其弊端，试图改正，尝试在其教学方法理论的研究过程中加入实践教学环节。但是，目前在具体实施过程中依然困难重重。例如，对写作技能教学方法的研究主要集中于现代信息技术应用、语篇等方面，经过实践，学生的英语写作能力在一定程度上确实有所改善、提高，但是，仔细研究学生的作文，可发现写作必备的能力，如词汇、语法等运用，语言的表达能力等均未有显著提高。简言之，学生的写作能力在实际上并未提高，因此，如若在英语教学模式中运用此类教学方法，对学生学习能力的提升毫无助益。

（二）以教师教授为主

中国传统的教学方法以教师的教为核心的，学生处于被动地位。这种教学方法，在现代社会有所改善，大部分教学方法提倡充分发挥学生的主动性，使学生由被动变为主动。但是，此种以教师传授知识的教学方法依然根深蒂固，难以根除。

在中学阶段，因考试的压力，在实际教学活动中，教学方法一直以教师的讲授为主，教师在课堂上讲解重难点知识，学生根据教师的讲解，被动地接受知识。自小形成的学习习惯，在部分学生进入高校后，依然难以更改。一旦脱离教师的讲解，学生便无所适从，变得茫然无助。因此，在高校英语教学模式的教学方法上，部分高校依然是以教师的讲解为主。

学生在学习中被动地接受知识，不仅使得课堂氛围沉闷，而且难以激发教师的教学热情。对于教师与学生的长远发展，均有不利影响。

（三）教学方法程序化

在高校英语教学模式教学方法的改革过程中，教师的作用不可忽视。改变以教师讲授为主的教学方法，发挥学生的主动性，需要在一线高校英语课堂上不断改革。在备课上，教师需要花费更多的精力，不断创新，如考虑如何充分利用多种多样的教学设备，如何激发学生的主动性。这些问题常年来一直困扰着一线高校英语教师。

在高校英语教师的实际教学过程中，对于多元化的教学方法的运用，教师往往避之不及。因为，多元化的教学方法，首先，在时间、精力上耗费比较大；其次，教师对其实施效果，并未有十足的把握。在某些时候，往往出现适得其反的现象。

此外，每一位教师都有其固定的教学风格。这种教学风格的形成，在很大程度上决定了一位教师教学方法的运用。而教学风格在教师执教伊始，就已形成，而且难以更改。因此，在教师的教学活动中，教学方法的运用都有其固定的程序，并经年不改。因此，多方面的因素影响下，使得高校英语教学模式中的教学方法出现程序化的问题。

（四）教学方法形式化

在当今社会背景下，人们生活节奏不断加快，生活压力不断加大。人们步履匆匆，为生活而奔忙。在高校内，虽然生活节奏相对缓慢，但是面对繁华的物质世界，学生对待生活、学习似乎也很随意。“高校学霸”已成为稀有人群，需要高校不断宣扬。

此种现象表现在高校英语课堂上就是学生为考试而学习，而非为知识而学习。此种学习氛围深深地影响着教师的工作积极性，在教学活动中应用的教学方法具有随意性，教学方法成为一纸空文，形式化严重。

（五）教学方法杂乱无章

从整体上研究高校内英语教学模式中的教学方法，可以发现其毫无章法。首先，在教学方法理论构建上，因种种因素的掣肘，理论并未与实践相结合。因此，教学方法在理论上并没有一个行之有效的理论指导。其次，在教学方法的具体实施过程中，从教学活动的两个主体——教师和学生来看，他们对多元化的教学方法均存在抵触心理，制约着教学方法改革与实施。

从整体上看，高校英语教学方法的杂乱无章，致使教师在教学模式的实施过程中无从下手，阻碍教学活动的开展，影响学生的学习效果，使得诸多行之有效的英语教学模式，未能发挥其作用，最终被弃如敝屣。

综上所述，高校内英语教学方法虽然逐渐改善，由注入式向启发式转变，教师在教学活动中的绝对主导地位逐渐弱化，学生在教学活动中的主体地位逐渐突出。但是，传统的教学方法根深蒂固，对其改革是一项任重而道远的任务，需要教师、学生及社会等各方面的共同努力。除此以外，在新的高校英语教学方法实施过程中，也会出现新的疑难问题。这些新问题的出现，也会成为高校英语教学方法改革道路上的绊脚石，制约高校英语教学模式的发展。

四、教学评价存在的问题

教学评价是教学活动中不可或缺的一个环节，在整个教学活动中占据至关重要的位置。在进行教学评价时，其依据主要是教学目标，并设有一定的标准和手段。在此前提下，评价主体对教学活动及其产生的结果、影响给予判断。因此，教学评价是对教学活动及其结果进行测量、分析和评定的过程。在整个教学评价过程中，其评价对象涉及整个教学活动中所包含的因素，如教师、学生、教学目标、内容、方法、教学设备、场地和时间等因素，以及这些因素的有机组合。教学评价在分类上，由于划分标准不同，类型多种多样。但是，任何一种教学评价的正确实施，都可以发现教学活动的不当之处，不仅能够提高学生的学习水平，而且能够提升教师的教学能力。结合调查研究，目前我国高校英语教学模式在教学评价方面存在诸多问题。

（一）教学评价标准简单

教育学中对教学评价的对象界定众多，其中一项是教学目标。当今，中国高等院校英语教学目标上大部分是以通过全国大学英语四、六级考试为主，这种教学目标在当今中国英语教学中过于简单。由此来看，教学目标的简单化可以使教学评价简单化。

不可否认，全国大学英语四、六级考试的实施，在过去的一段时期内，确实地在一定程度上对大学生英语能力的提高起到了积极的作用。但是，世界局势瞬息万变，中国改革开放不断深入发展，社会对大学生英语能力的需求发生改变。当前阶段，英语专业学生不仅要有较强的阅读能力，而且需要较强的交际能力，尤其需要极强口语表达能力，在解读外国文化的基础上，积极努力地输出中国本土文化。以全国大学英语四、六级考试的通过与否、分数是否高为教学评价的标准，已经不能满足当今英语教学发展的需要了。

目前，我国在不断致力于全国大学英语四、六级考试的改革，不断增加难度，增加口语测试等。但是，单纯地以全国大学英语四、六级考试为英语教学评价标准，其本身仍然存在诸多弊端。全国大学英语四、六级考试中题型单一，多是笔试题，听力部分分值较少，对于口语能力的测试更是形同虚设。大部分高校在校生通过全国大学英语四、六级考试，并获得参加全国大学英语四、六级口语测试的许可后，并未参加口语测试。此外，还有大批学生仅以低分通过了该项考试，根本未达到参加口语测试的水平。因此，众多获得全国大学英语四、六级证书的学生，很多都是口不能言，表达能力十分差。

（二）教学评价手段简单

在教学活动中，教学评价的手段多种多样，各种教学评价手段的交叉运用，对教学活动的顺利开展助益良多。通过对我国高校英语教学评价手段的研究，可以发现其存在手段过于简单化、单一化的问题。

目前，在中国高校内，英语是每一位学生必修的基础性课程，尤其是高校的一二年级，一直有安排英语课程。但是，教师在英语教学模式中对教学评价各种手段的运用十分缺乏新意。按照教学评价的作用来看，在诊断性教学评价中，评价手段多以摸底考试为主，如大学新生入学前的英语摸底考试，在大部分高等院校都有实行；在形成性教学评价中，评价手段多是课堂提问为主；在总结性教学评价中，评价手段多是期末考试，且期末考试题型向全国大学英语四、六级考试题型靠拢。按照教学评价的标准看，在高校英语教学中，相对性教学评价、个体差异教学评价应用过少，多应用绝对性教学评价，如期末考试，全国大学英语四、六级考试。按照教学评价主体看，在高校英语教学中，教学评价多是外部评价，且单一地以教师的评价为主，而自我评价、自我反省很少。

（三）教学评价实施不当

教学评价标准和手段的简单化，影响了教学评价的实施。教学评价标准和手段过于简单化时，其在实施过程中难以评价出教学活动的真实效果，对学生的英语能力的评价的可信度也有待商榷。因过分简单的教学评价标准，教学活动的效果要求降低，从而容易给予学生较高的评价；对于英语能力较差的学生，也会给予超出其本身的过高评价。因评价过高，期望也随之增加，教师在以后的教学活动中难以把握难度，对学生本人亦如是。因此，致使以后的教学评价频频出错。

此外，在当今高校英语教学模式中，教学评价环节的主导权一直掌握在教师手中。教师作为个人，有其鲜明的个人特色。教师在实施教学评价的过程中，因评价素养的不足，常常出现评价不当的现象。这种不当的教学评价，不仅对教学活动不能起到积极的促进作用，反而会起到消极的阻碍作用。

（四）教学评价应用不足

教学评价手段的简单化与教学评价实施的不当，导致高校英语教学活动中教学评价应用的减少。首先，教学手段的简单化、单一化使得教师在进行教学评价时对其他教学手段的应用不足。因未能够充分运用多种多样的教学评价手段，因此，在实际的教学评价过程中，教师只能减少教学评价的应用。其次，在教学评价实施上的不当，也会相应地减少教学评价在高校英语教学活动中应用。不当的教学评价不利于英语教学模式的展开。因此，为了减少教学评价的失误，一些教师纷纷避开教学评价环节。

此外，在英语教学模式的具体实施过程中，因教学课时及教师精力等方面的限制，部分教师也会选择忽视教学评价环节。教学评价环节的缺失绝不是一件有利于教学活动的事情。教学评价能够及时反馈教学活动的效果是否良好，及时发现教学活动中各种失误，对教师下一步教学活动的展开极具指导意义。

（五）教学评价以学生为主要对象

教学评价的对象多种多样，任何参与到教学活动中的人或事物，皆是教学评价的对象。但是，当前中国高校英语教学模式中的教学评价环节多是以学生为评价对象，而忽视对教学活动另一主体——教师的评价。

自古以来，中国教师的地位一直高于学生。在中国众多的传统美德中，“尊敬师长”一直是其中之一。在古时候，更有“一日为师，终身为父”的观念。学生对教师顶礼膜拜，万分不敢亵渎。因此，古时候的学生不敢挑战教师的权威性，对其不当之处不敢妄加谈论。这种传统思想深深影响了现代教学评价，使得如今的教学评价皆是针对学生的学，而很少提及教师的教。

改革开放后，思想的不断解放，传统思想中的糟粕逐渐剔除，上述现象逐渐得以改善。但是，在现代社会，高校英语教学一般实行走班模式，教师与学生的接触减少，使得学生对教师教学的评价难以及时反馈。虽然高校时常组织调查问卷，组织调查教师的具体教学情况，但是，此种调查问卷大多流于形式，并未发挥实际的作用。

（六）教学评价统一化

具体分析教师对学生的评价，会发现一个明显的问题，即教学评价统一化，未能因人而异。在教师的美好期望下，学生英语能力水平应该是相同的。因此，在教学评价过程，教师对学生的评价是统一化的，并非针对个人进行评价。但是，也并非完全没有个人评价。在进行诊断性评价及形成性评价时，往往是针对个人进行的评价，但此种评价在整体教学评价中的所占比重甚少。

此外，英语作为当代大学生的必修科目，师资力量相对缺乏，在教学组织形式上实行大班授课制。每班人数的过多及教师同时教授多个班级的情况，耗费了教师大量的精力，在对所授课的每位同学进行评价时，精力缺失。因此，在高校英语教学模式下，教学评价环节很难做到尽善尽美，因人而异，从而出现了教学评价统一化的问题。

综上所述，在高校英语教学模式的教学评价环节，从教学评价标准到具体实施，均存在问题，制约着高校英语教学模式的发展。

第二节　教学模式宏观系统中存在的问题

党的十一届三中全会召开后，确立了解放思想、实事求是的思想路线。在这一方针的指导下，中国各行业发展焕然一新，不仅在经济建设方面取得辉煌成就，同时在文化教育方面成绩斐然，尤其是为了加快进入世界舞台的步伐，在英语教育方面成绩突出。英语成为中国学子的必修课，从上学开始，贯穿学生整个学习生涯。申奥成功更加推动了中国人民学习英语的热潮的形成。整体而言，中国的英语教育已经普及，并且基础性英语教育成绩突出。但是，随着改革开放的发展进程不断地加快，当今的英语教学需要从基础性的教学转型为专门用途英语的教学。因此，在高校英语教学模式中，从宏观体系的支持上来看，教学模式存在的各种问题浮出水面。本节旨在从教师、学生、课程、资源等四个方面分析出现的各种问题。

一、教师层面存在的问题

在高校英语的教学活动过程中，教师一直处于主导地位，负责激发学生兴趣、传授学生知识、评价学习结果等基本教学活动。在当下的高校英语教学活动中，英语教师的能力、素质等参差不齐。从教师层面看，因外部因素及教师自身内部因素的影响，高校英语教学模式的宏观支持系统中存在着诸多问题。

（一）教师知识素养不足

在高校英语教学模式的宏观支持系统中，为详细地研究教师层面存在的问题，部分高校曾对校内教师做过抽样调查，调查内容不仅涉及高校英语教师的基本情况，如职称、年龄、性别、学历、从教年限等；还涉及高校英语教师的授课情况，如授课对象、授课类型、课时量等。据统计，高校英语教师的职称分布较为均衡，高级、中级、初级职称平分；在年龄上，以 35 岁以下为主，其次为 36 岁至 50 岁，其中少部分高龄从教者，此部分教师大部分为教授级，从业年限长；在性别上，女性教师占绝对性主导地位，男性占比较小；在学历上，研究生与本科本比例相当，研究生稍占优势；在授课对象上，大部分为非英语专业学生；在授课类型上，以精读课授课教师为主，口语课、听力课、翻译课等授课教师较少。

1. 非英语专业教师学历层次不高

在中国的高校内，英语一门是必修课程。非英语专业的学生，英语学习要求并不高，主要是扩充词汇量。因此，对高校非英语专业的授课任务，因工作难度较小，英语专业的本科生完全可以胜任，而且研究生学历的英语专业毕业生，在就业方向上，多选择出国深造或者其他更好的途径。因此，在中国高校内，非英语专业的英语教师的学历大多为本科生。据不完全统计，目前中国高校的英语教师在学历上，以本科为主，比例占60%左右；而研究生学历的教师少于40%，其中博士毕业从事高校英语教学工作的人，更是少之又少。

但是，在高校内，英语专业的教师在学历上均高于非英语专业的教师。在对英语学习要求上，英语专业的学生会略高于非英语专业。因此，在教师的学历方面，英语专业的教师学历大部分都是研究生，很多甚至是博士、博士后，并拥有丰富的留学经历，在英语语境的学习上经历颇丰。

总体而言，高校非英语专业英语教师的学历层次不高。此种现象不仅严重制约着高校英语教学模式的改革及实施，同时也严重制约着高校英语教学向专门用途的教学转变，成为高校英语教学发展的阻碍。目前，这种现象已经得到国家教育部门的重视，在一定程度上得到了缓解。据调查显示，这种问题主要存在于一般高校内，在国家重点高等院校内，如“985”“211”类院校或者是国家“双一流高校”内已经不再存在。

2. 教师口语能力欠佳

当今中国英语教育存在的问题之一就是学生口语能力差。许多学生的英语能力仅仅是能够看，且是一些较为简单浅显的文章。因此，在翻译能力上英译汉尚可，但是汉译英的能力非常差，对英语口语的应用更是惨不忍睹，仅限于简单的日常用语，不能细究其单词的发音，甚至部分学生从不开口讲英语。在中国，出现了一个特殊的词汇形容此类学生对英语的学习——“哑巴英语”。“哑巴英语”的出现绝不是偶然现象，这与学校英语教学模式有着千丝万缕的联系。在初、高中阶段，学生的英语学习多为应试学习，“哑巴英语”的出现也许无可厚非。但是，高校在注重培养学生各方面能力的前提下，依然出现“哑巴英语”的现象，值得重视。

当今高校，英语教师多为本科学历，大多数并未有留学经历，并未曾接受英语环境的熏陶，对英语语境的学习不足。在英语发音的学习上，同样是来自教师的教授。因此，在发音上准确与否，其并未有明确的认知；而且，因为缺乏留学经历，未曾深入置身于英语环境中，此类教师对英语口语的应用并不多，使得自身口语能力欠佳。此外，在讲课过程中，为照顾学生的接受能力，此类教师很少进行全英教学，以汉语教学为主，以英语教学为辅。因此，培养的学生也存在发音不准、口语能力不足的问题。

3. 教师综合能力不足

语言的学习是一种综合能力的培养，包括听、写、读、说等方面。英语作为当今世界最普遍的语言之一，亦不例外。

据统计，高校英语课程以精读课为主，口语课、听力课、翻译课等课程的课时量远少于精读课。在我国高校内，尽管是重点高校，此种现象也较为普遍。因此，高校英语教师能力也是以阅览、精读为主，而在其他方面的能力稍微欠缺。尤其是在翻译方面的能力。清末启蒙思想家、著名的翻译家严复曾提出英语翻译要做到三点要求：信、达、雅。目前，许多高校英语教师在翻译能力上仅仅达到第一层要求“信”，翻译出句子、文章的大致意思，不背离原意；少部分教师能够做到第二层要求“达”，译文句子通顺，不拘泥于原文；做到第三层要求“雅”的英语教师寥寥无几。

综上所述，高校英语教师在本专业的基础知识学习上存在诸多问题。教师知识素养的欠缺，不利于教学活动的开展。此问题的存在，如同狼群在作战失去头狼，长此以往，狼群在作战中必将溃不成军，惨败而归。因此，教师知识素养的不足成了制约高校英语教育发展的重要因素。

（二）教师能力素养欠缺

教学是一项专门为培养人的学习能力而进行的复杂活动，教师在教学活动中始终处于主导地位。教学活动的复杂性使教师必须具备多种多样的能力。一个合格的教师，不仅需要具备丰富的学科基础知识，同时需要具备较强的教学能力。优秀的教学能力包括敏捷的思辨能力、较强的创新能力、较强的组织能力及研究能力、极强的评价能力等。优秀的教学能力直接影响教学活动的效果，能促进教学活动的顺利开展。因此，上述能力的缺失直接阻碍教学活动的展开，影响教学活动的效果。当今中国，高校内的英语教师因诸多外部及内部的原因，上述能力不足，影响高校英语教学模式的发展。下面将具体说明教师缺少部分优秀的教学能力产生的影响。

1. 思辨能力缺失

思辨能力在教学活动中发挥着至关重要的作用。教学及学习在本质上是一种思考活动，教师的所思所想直接影响学生的学习。思辨就是带着批判与改进的精神进行分析、评价、思考的过程，以思考能力为核心和前提。教与学都需要思考。只有思考，才能得到自我提升。思考的结果可以通过语言等形式表达出来。语言是人们沟通的桥梁，因此，教学活动的展开离不开语言表达。语言表达是一切教育工作者必备的主要能力，也是教师思辨能力的呈现形式之一。

在当今中国，高校英语教学改革正在如火如荼地进行。但是，改革依然受到传统观念、因素的影响，对当今高校英语教学模式的创新起着阻碍作用。其中，把英语视为传统的大文科类的思想依然根深蒂固。作为文科的英语，在教学活动中只需掌握读、写、听等能力，不需要深入思考；这一误区，导致在教学活动中，教师思辨能力的不足。而思辨能力恰恰是教师进行英语教学必备的能力之一。英语的学习并非简单的语言学习，而是通过学习语言，掌握相关国家的历史文化、思想观念。正所谓："知己知彼，百战不殆。"

据调查显示，当今高校的英语教师在思辨能力上缺失严重，在教学活动中照本宣科。当今世界，瞬息万变，信息更新非常快。如若教师一味地接受传统观念，不具备思辨能力，终将落后于时代。在英语教学中，缺失思辨能力的教师终将被学生所抛弃，最终导致英语教学模式的支持系统瘫痪。

2. 创新能力不足

创新是一个民族的灵魂，是一个国家兴旺发达的不竭动力。当今世界，是知识大爆炸的时代，创新不仅是国家的灵魂，也是个人发展、事业发展的灵魂。创新是知识时代对人才的基本要求。当今教育，以创新教育为主。创新教育重视人的自主性，强调人的社会性，尊重人的个性。在教学活动中，教师创新能力的正确运用，能促使教学活动达到事半功倍的效果。在高校英语教学活动中，教师的创新能力不可或缺。教师的创新能力表现为，教师在见解上独到，在教法上新颖，在意识上民主，在精神上不断探索，能以其创新性的思维突显出个人特色。

当今时代，英语课始终是每位大学生的必修课程之一。创新意识已成为高校一线英语教师的必谈话题，每位任课教师均已认识到创新的重要性。部分思维活跃、创新能力强的教师，已经把各种新的教学方式应用到课堂教学中，并取得了良好的效果。但是，在中国，部分高校英语教师仍未具备相当不错的创新能力，只是照搬已有的经验。高校英语教师创新能力不足的直接表现是学生的上课积极性差，致使每节课的逃课人数递增，课堂效果不佳等。这些现象严重地影响了高校英语的教学效果，阻碍英语教学模式的实施，致使高校人才培养能力不足，影响个人及学校，甚至国家的长远发展。

高校英语教师的创新能力不足，不仅阻碍学生的发展，同时不利于教师自己的发展。一个没有创新能力的教师其科研能力必定欠缺。对高校英语教师而言，教学任务与科研任务相辅相成，相互促进。科研能力的不足阻碍其教学任务的完成，不利于教学活动的开展。总体而言，从多方面分析高校英语教师的创新能力可以发现，其不足会严重阻碍高校英语教学模式的改革。

3. 评价能力缺失

教学活动环环相扣，缺一不可，教学评价是其中重要的一个环节。教学评价的及时、正确地给予，能激励学生的学习兴趣，促进学生及时改正学习错误。而教师在教学评价中处于实施者、组织者的地位，其地位不可撼动。因此，教师的评价能力对教学效果影响很大。即使是在高校，大学生已经成年，并逐渐走向成熟，但仍需要别人的肯定及批评。正确积极地评价，不仅能增强大学生的自信心，刺激其学习主动性，而且能促使其正视自身缺点，及时反思改正。

结合英语教学过程中的实际要求，高校英语教师的评价素养指其在英语的教学过程中，结合英语学科知识和特点，利用相关的评价技巧，正确评价学生学习，并利用评价反馈改进教学的能力。因此，高校英语教师的评价素养可概括为四项内容：英语评价理论和伦理能力、英语评价设计和实施能力、英语评价结果描述和分析能力，以及英语评价反馈和反思能力。

可以说，教师的评价素养需贯穿整个教学活动，而不是简单的某一环节。但是，据调查显示，高校英语教师的评价素养很难体现，评价能力的高低难以判断，存在严重缺失的现象。在当今高校内，英语教师的课时量最重，往往都是连堂课。接连上课的课时任务，耗去了教师的大部分精力，在师生交流方面，因时间、精力等缺失，教师很少组织相关活动，导致教学评价这一环节缺失。教学评价环节的长久缺失，使得教师的评价素养难以实践，评价能力得不到锻炼。因此，在教学活动中，学生很难得到正确地、积极地评价。而相应地，教学评价所能起到的激励学生、促使学生正视错误、及时改正错误等作用，均未能得到充分地发挥。最终，高校英语教师评价能力的不足，成为当今高校英语教学模式改革的阻碍因素之一，成为高校英语教学模式改革道路上一大隐患。

二、学生层面存在的问题

学生是教学活动中学习的主体。目前，中国高校内各种英语模式的开展均离不开学生的配合，皆强调学生主观能动性的发挥，充分调动学生的积极性。但是，在各种英语教学模式的宏观支持系统中，学生由于种种问题，均未能充分发挥其在英语教学模式中应有的作用，制约着高校英语教学模式的发展。

（一）学生基础薄弱

英语在中国学生的学习生涯中占据重要地位。目前，中国大部分地区在小学阶段就已经开设了英语课程。在初中至高中的六年学习生涯中，英语课程一直是每一位学生的必修课程，且是主要课程。每一位进入高等院校的学生，在英语方面的学习时间均不会低于六年时间。但是长时间的英语学习，并不意味着学生具备了较强的英语基础。据调查显示，高考生在语文、数学、英语三门主课的得分状况上，英语的得分水平始终不高，而且低分人数较多。

即使高考英语得分高，也不意味着该学生的英语基础强。在高校英语教学中，不仅要求学生具备较强的阅读能力，同时要求每一位学生具备较强听说能力，能在实际生活中正确、灵活地运用英语，使英语真正成为其生活中使用的第二门语言。在中国初高中阶段的英语教学中，因为客观因素的影响，教师往往忽视对学生英语听说能力的培养。虽然在初中阶段，英语听力是中考必考项目。但是，初中生对英语的学习仅限于日常生活交流，十分简单。而初中学生升入高中后，对于高考志愿是非英语专业的学生，听力是不计入总分的。因此，很多学生及教师，在升入高中后，均放弃了英语听力，毕竟英语听力相较于阅读、写作等部分，难度较大。此外，中国每年的研究生招生考试中，英语虽然仍是必考科目，但是非英语专业的英语考试是完全没有听力内容的。

总体而言，在中国高校内，从整体上看，学生的英语基础仍较薄弱。因此，在高校的英语教育模式中，因学生接受能力的不足，限制了英语教师对各种教学模式的实施。

（二）缺乏学习兴趣

据调查显示，当前中国高校内，大部分学生缺少学习英语的兴趣。这部分学生不仅包括非英语专业的学生，同时还有部分英语专业的学生。

对于非英语专业的学生，学习英语不过是为了期末考试不挂科，顺利毕业，再者是能够通过全国大学英语四、六级考试，然而并非每一位大学生在毕业后都通过了全国大学英语四、六级考试，仍然有学生未通过。对于英语专业的学生，长期枯燥无味地学习，耗费了部分学生的学习耐心，对英语学习出现疲惫感、厌恶感。因此，部分学生在长期的学习中，失去了学习英语的乐趣。学生长期处于被动学习的状态，不利于英语实际运用能力的提升，更不利于学生自主学习能力的培养。[①] 虽然，对于英语专业的学生来说，学习兴趣不足的学生虽没有非英语

① 侯晓慧．工学结合视角下高职英语 RICH 教学法的应用 [J]. 濮阳职业技术学院学报，2020，33 (3)：38—40.

专业的学生人数多，但是长期的厌恶情绪，在课堂上、日常生活中的渲染，总会传染，影响其他学生的学习，致使英语教学模式的宏观支持系统中的主体之一——学生，出现学习问题。

（三）实际应用能力差

迫于中国语言大环境的影响，在大学生的日常生活中，使用英语进行交流的现象可谓罕见。在中国国内，大学生日常交往均以母语为主，很少使用英语。虽然在众多高等院校内，每年都招收了很多外国留学生，其中不乏以英语为母语的留学生。但是在高校中，中国学生同外国留学生之间的联系较少，与外国留学生之间的交流也很少。况且，很多外国留学生十分渴望学习汉语，其更希望中国学生与之交谈时使用汉语，以增强其汉语能力。

即使在学校开设的口语课程学习上，大部分学生依然使用汉语交流。因为在期末考试中，大部分学校的非英语专业均未设有口语考试，而且在口语课程上，因学生人数众多，教师根本无暇顾及每一位学生是否真正地在练习口语。总体而言，在实际生活中，中国大学生的英语实际应用能力较差。

三、课程设置存在的问题

在学校教育中，课程是核心，涉及在教学过程中教师“教什么”和学生“学什么”的问题。因此，课程设置直接关乎教师的教和学生的学。课程设置是教学过程的具体实施性文件，主要规定了课程类型、课时安排，并对各类学科的课程学习目的、学习内容、学习要求等进行了简要的规定，包括合理的课程结构和课程内容。因此，在教学过程中，课程设置在宏观上把握了教学进程，保证教学工作的正常进行。因课程设置的重要性，历来受到高校的重视。高校在英语教育课程设置方面力求完善，精益求精。

中国的高校英语教育走过了漫长岁月，历经沧桑。在高校英语教育过程中，国家在课程设置上因时而异，及时调整。自党的十一届三中全会召开至今，国家秉持解放思想、实事求是的精神，对高校英语教育进行大刀阔斧的改革，使其不断适应当今发展的需要，培养了一大批优秀的人才，取得了巨大的成就。但不可否认，由于诸多因素的干扰，高校英语教育在课程设置方面并未做到尽善尽美，当今高校英语教育在课程设置方面还存在诸多问题。这些问题的存在，制约着高校英语教学模式的发展。

（一）缩减课程学分

2007 年，教育部高等教育司编写了《大学英语课程教学要求》一书。其中，对大学英语课程学分的规定为，高校英语课程应是整体学分制体系的一部分。其比重在本科阶段应占到总学分的 10%，也就是保证其有 16 学分左右。[①] 高校英语课程在高校教育中一直占据着重要位置，是大学生的必修课程。因此，高校英语学分在总体学分占 10%的比重，是大学生必修基础课程中比重较大的一门学科，历来备受争议。英语是国际社会交流中的通用语言，因此，中国高校对英语课程较为重视，为加强我国在国际舞台上的竞争力，培养了一大批优秀型的人才，使得中国在国际舞台上的对外沟通更加顺畅，提升了中国的国际影响力。目前，中国高校英语教育的基础性教育逐渐完善，取得丰硕成果，在高校英语教育中开始出现缩减课程学分的呼声，这种呼声，在高校教育内虽然并未得到全部参与者的支持，存在一定的争论。但是，在部分高校内，已然开始了改革，出现逐步缩减英语学分在总体课程学分比重的趋势。据资料显示：2012 年清华大学本科培养方案中，高校英语课程学分为 8 学分，毕业总学分 175 学分，英语课程学分约占 4.6%；2012 年复旦大学本科培养方案中，高校英语课程学分为 8 学分，毕业总学分 148 学分，英语课程学分约占 5.4%；2012 年东南大学本科培养方案中，高校英语课程学分为 6 学分，毕业总学分 160 学分，英语课程学分约占 3.8%；2013 年浙江大学本科培养方案中，高校英语课程学分为 7 学分，毕业总学分 169 学分，英语课程学分约占 4.1%。据调查，在 2010 年以来，中国其他重点高校，如北京大学、上海交通大学等，英语学分在总学分比例也未曾达到 10%。国家重点高校在英语学分设置上逐年递减的现象，给其他高校传递了错误信息，使得部分高校纷纷效仿。致使有些学者断言：在中国的重点高校内，开设高校英语课程已无其必要性。[②]

支持大学缩减英语课程学分的人认为，英语作为通识教育已无必要，此类课程的设置形同鸡肋。在缩减英语作为通识课程学分的同时，应相应地增加英语专业课程的学分。增加专业英语课程的学分，势在必行，此趋势适应英语教学转向专门用途英语教学的需求。但是，通识性、基础性的英语教育依然有其存在的必要性。基础性的英语教育可以扩宽学生视野。英语作为一门语言基础课程，不仅

---

① 教育部高等教育司．大学英语课程教学要求 [M]．上海：上海外语教育出版社，2007．

② 冯燕．去外语化：重点大学公共外语教师发展的必然选择 [J]．大学教育科学，2010（3）：67—72．

充当交流工具，更主要的是学生可以通过对英语知识的学习了解外国历史文化知识，具有较强的人文价值。

综上所述，高校对英语课程学分的缩减，虽然有其一定的合理性；但是，从整体英语教育出发，此举并不妥当，至少在普通高校内不值得提倡。上文所提到的北京大学、清华大学、复旦大学、浙江大学等皆为中国一等高校，其在生源质量上不同于普通高校。北大、清华等“985”高校的学生，在入学时，其英语水平高于普通高校学生，可以免去基础性英语教学。但是，众多普通高校的学生并未达到这一水平。因此，目前在普通高校内缩减英语课程学分是不恰当。此项举措并不能对高校英语教学模式起到促进作用，反而会阻碍其发展。

（二）课程设置僵化

调研发现，中国高校大部分学生不是特别喜欢当前的英语课程设置。高校英语课程在设置上，未充分考虑学生的需求，学生对英语课的学习仅是为了获得相应的学分，是一种被动性地接受学习。这种现象在很大程度上与英语课程设置僵化有莫大关联。高校英语课程的僵化表现在两大方面：一是实行模块化教学；二是实行分类教学。模块化教学主要针对英语专业学生，分类教学主要针对非英语专业学生。

1. 模块化课程

目前，中国高校英语专业模块化课程设置分类不一，存在三模块说、四模块说、五模块说。“三模块说”为，专业必修课、专业选修课及相关知识选修课（或者是语言技巧课、专业知识课及文化、文学素质课）。“四模块说”为，专业技术、专业知识、相关知识和实践课程。“五模块说”众说纷纭，没有统一概念，各个高校根据其实际情况，纷纷在“三模块”的基础上另加两个模块，以此为本校的“五模块说”。根据抽样调查，针对英语专业学生的模块化教学方式，并未得到学生的认同。调查结果表明，87.7%的大学生认为当前的课程设置不合理。

根据知识结构进行模块化的课程体系划分，在一定程度上能够使学生对自身知识有一个明确的认知，在今后的学习中做到扬长避短，成为优秀的复合型人才。但是，目前中国高校内模块化的课程设置均存在问题，如知识内容结构划分不合理，选修课的设置零散、杂乱无章、未形成体系化等。

这种模块化的课程设置在很大程度上表现出僵化迹象，因其把学习分门别类限制在几个模块中。如此一来，在模块的分配上常常出现比例不当的问题，如重视理论课程，忽视实践课程。此外，模块化的课程设置导致专业课程过多，但因师资不足，学校难以承担，只得减少选修课程的设置，而选修课程的设置能最大限度地发挥学生的学习主观能动性，并能为其提供较多的发展方向。如此局面下，只能使得学生专业性发展道路狭窄，在就业上形成压力，并难以满足市场人才需要，造成人才的浪费。

2．分类课程

目前，中国高校非英语专业的英语课程一般分为精读课、听力课等，其中以精读课为主。精读课的教学以初高中教学方式为主，阅读教材，分析语法等。此种教学方式，即使任课教师不断创新、改变教学方法，依然很难激发学生的学习兴趣。

对于听力课的忽视，是高校英语教学的常态，同时也是值得教育部门深思的问题。忽视对英语听力的教学，不仅存在于高校内，在初高中时期已经形成。对英语听力教学的忽视是一个长期问题。这一问题的产生主要是由于教育的缺乏及资金、设备等教学设施投入不足。此外，因在初高中时期学生未能接受良好的英语听力教学，导致学生英语听力基础差，致使学生在步入高校后，在听力方面的接受能力不足，使得教师在进行听力教学时举步维艰。长期的恶性循环，使得高校逐渐淡化对英语听力的教学，使得高校英语教学在课程设置方面逐渐僵化。这种僵化的英语课程设置成了高校英语教学过程中的一大问题。

此外，高校针对非英语专业的在校学生，很少设置专门的口语课，使学生缺乏英语口语锻炼。这些问题导致高校学生在英语学习方面的不足不仅表现为听力能力差，还表现为其英语综合能力的运用较差，形成了“汉语化”的英语，难以摆脱母语对英语的影响。

综上所述，无论是针对英语专业而设置的模块化教学，还是针对非英语专业而设置的分类教学，均已形成僵化趋势，成了英语教学模式宏观支持系统中的一大难题。这一难题的存在，在很大程度上影响着英语教学活动的开展。因为僵化的课程设置，不仅限制英语教师的创造性发挥，而且会削弱学生的学习兴趣，打击学生的学习积极性。

四、教学资源存在的问题

俗话说：“巧妇难为无米之炊。”教学资源就是高校英语教学模式中的“米”。没有教学资源或者教学资源质量差，均会对英语教学模式的顺利展开起到制约作用。虽然改革开放之后，我国在教学资源上大力整改，但是，目前中国高校英语教学模式在教学资源上仍然存在问题。

（一）资源分布不均

目前，中国高校在英语教学资源分布上，仍然存在不均衡的现象。首先，在师资力量上。外籍教师（简称外教）是重要的组成部分，尤其是在高校口语教学的课程上，有着不可替代的作用。外教在英语的运用上有着多年的丰富实践经验，对于英语语境的把握优于大部分中国英语教师。但是，目前在中国各类高校内，明显存在着外教数量及质量方面不均衡的现象。在数量及质量上，中国著名的高等院校的外教均优于普通类的高等院校，并且中国国籍的英语教师，在质量上，“985”“211”高校的教师质量也优于普通高等院校。其次，在资金、技术等支持上。目前，世界竞争日益激烈，国家对高精尖人才需求量骤增。在高校教育所需的资金、技术上，国家的投入力度明显倾斜于较优秀的高等院校。最后，在语言环境上。在中国，一线城市的外国人明显多于二、三线城市。因此，在语言环境上，位于一线城市的高校学生的语言环境要优于经济水平较差地区的高等院校学生。

（二）资源利用率低

在中国高校内，大部分非英语专业的英语课程均分为两类：一类是精读课程；一类是视听说课程。两类课程在课时比重上区别明显。在大部分高校的英语课程中，精读课程课时较多，而相应的视听说课程课时量较少。视听说课程的开设不仅需要大量的相关设备，同时也需要具备相关能力的教师。但是，目前中国高校建设上，设备逐渐完善，唯独优秀的视听说教师师资储备不足。因此，致使视听说设备的空置。此外，在大部分高校内，视听说课程均设有自主学习课时，但是，学生在自主学习时，大部分时间都心不在焉，学习目的只是为了固定的课时任务，在学习时，大部分学生并未充分利用视听说设备。

第三节　高校英语教学模式出现问题的成因

当今高校英语教学模式随着中国社会环境的不断发展，正在进行紧锣密鼓地改革。但任何改革都不是一帆风顺的，必然受到诸多内部及外部因素的影响。高校英语教学模式的改革发展亦然。在此过程中，积极发现各种问题，并及时查找原因，会对高校英语教学模式的改革、发展起到推动作用。中医有云：对症下药，方能药到病除。因此，只有积极地探寻各种问题的成因，方能在下一阶段对症下药，解决高校英语教学模式中的诸多问题。下文将从教师、学生两个方面寻找问题成因。此外，中国经济发展的不平衡、政治发展战略要求、文化传统等也是高校英语教学模式中出现问题的原因。

一、教师方面的原因

在高校英语教学活动中，教师学科知识素养的缺失及能力素养的不足，都对教学活动取得良好的效果起到制约作用。为解决问题，必须先寻找问题由来，分析问题成因，从根源着手。在教学活动中，教师方面存在的诸多问题，但并不是单纯的教师自身的问题，很多外部因素的影响，也会导致教师各种能力的不足。从根源上来说，在教师的培养方向上就存在诸多问题；另外，在教师的选拔机制方面，高校未能做到考察教师的全方面能力。

（一）教师自身发展方面

在中国传统的教育观念中，教师是无比光辉的职业，常被比作“蜡烛”“人类灵魂的工程师”等，人们提倡教师拥有无私奉献精神，宣扬优秀教师模范。但是，在日常生活中，首先，教师是作为“人”独立地存活于世的；其次，才是作为教师的身份生存于俗世中。因此，并非每位教师皆具有无私奉献的大无畏精神。“教师”这个职业仅仅是一个职业，在从事这份职业时，他们努力工作，积极地提高自身的各项技能。但是，俗世中的人，不可避免地受俗世干扰。教师常年日复一日地做同一份工作，工作热情会逐渐减少，工作成就感也会不断降低，促使其自身发展动力不足。教师自身琐碎的日常事务，占据了教师过多时间，促使教师难以提高自身能力。此外，高校教师除了日常的教学任务外，还有艰巨的科研任务，更致使教师无时间、无精力去提高自身教学能力。

1. 教师动力不足

高校教育国际化及高校英语教学模式的改革，促使高校英语教师不断提升自我，发展专业能力。但是，面对不断增加的压力和挑战，高校英语教师职业倦怠感不断增强，致使自身专业发展的动力严重不足。据学者研究，教师自我概念和教学效能感同职业倦怠感的产生密切相关。

教师自我概念包括对自己角色较稳定的观念、对所传授知识的认识、对学生本性及如何学习的识别等内容。积极的自我概念能够产生较强的工作动力、强烈的自我效能感、强大的自信，不仅能使教师拥有肯定自我能力，而且能使其拥有较强的控制力。教学效能感是教师自我效能感在工作中的具体表现，是对其教学任务的态度、看法。在工作中，教学效能感的强烈与否，正面反映了教师教学的效果。研究表明，高校英语教师的自我概念与职业倦怠感关系逐渐密切，二者呈负相关关系；教学效能感与自我概念诸多因素呈正相关关系。

针对此问题，高校根据田纳西自我概念量表（TSCS）、教师教学效能感量表（TES）和职业倦怠量表，对部分高校英语教师进行了抽测。经调查发现，高校英语教师的自我概念和教学效能感普遍不低；但是大部分教师存在职业倦怠感，其中的核心指标——情感衰竭颇高。由于反复的、长时间的压力，致使高校英语教师常年超负荷地工作，出现情感衰竭的现象，致使出现职业倦怠的症状。此症状地出现在极大程度上会减少高校英语教师自我专业发展的动力。在事物发展过程中，内因起着决定性的作用，自身动力的不足，即使外部创造优渥的条件，也难以发挥出应有的作用。因此，教师动力不足，成了制约教师专业发展的因素。在这种连锁反应下，教师专业发展的不足又成了制约高校英语教学模式发展的因素之一。

2. 教师时间不够

改革开放以来，中国经济的快速发展需要大批量高层次人才。为适应经济发展的需求，中国不断加强高校建设，逐渐增加高校招生人数。据统计数据显示，全国在校大学生人数在 2017 年已突破 2 500 万，达到 2 695.8 万；而在 20 世纪 50 年代中国重点高校仅 6 所，能容纳的大学生更是少之又少。

随着高校的不断扩招，在校大学生人数逐年增加。据调查，英语课程作为高校的必修课程之一，大部分高校的英语课皆采取大班授课的方式。即使如此，高校内仍然存在英语教师严重不足的现象，导致英语教师的教学任务异常繁忙。此外，高校内英语教师除了日常的教学任务外，还有繁重的科研任务，这些工作已然耗尽了高校英语教师的日常时间，使其根本无暇提高自身的各种教学能力。

综上所述，教师在提升自身知识素养与能力素养时，不仅受限于自身主动性，同时也受到时间的限制。无动力、无时间成了教师能力提升的内部阻碍因素。

（二）教师培养方案方面

当今中国高校英语教学已经取得阶段性的丰硕成果，基础性的通用英语教学任务基本完成。结合中国战略发展要求，为适应教学发展，中国英语教学开始转型为专门用途教学。在我国大学生学习英语的目的中，把英语作为一种交流工具是主要目的；一旦达成此目的，学生不仅能够通过英语学习本专业所需要的各种知识信息，而且还能够用英语输出本专业的内容。因此，从此种目的出发，高校英语教学实质上应该是专门用途英语教学。随着英语教学方向的转变，教师培养方向也应随之发生改变，根据社会对人才的需求来看，高校英语教师的职业发展方向应该转向专门用途英语教学的方向。纵观历史发展，任何改革性措施的进行都是艰难无比的、阵痛式的，高校英语教学模式的改革亦不例外。高校英语教学转向专门用途教学涉及的方面纷繁错杂，其中英语教师的转型至关重要。高校英语教师大多来自高校内的英语专业学生。但是，纵观中国大部分高校英语专业教师的培养方向，其依然是通用性英语教学，对专门用途英语教学的课程的设置多为选修课。因此，从根源来看，高校内英语教师的培养方向限制了高校内英语教学模式的发展。

（三）教师选拔机制方面

当今高校的教育教学规模不断扩大，招生录取人数逐年递增，毕业生人数也相应地增加，而国家也改变了高校毕业生就业政策。中华人民共和国成立伊始，因高校毕业生稀缺，国家在其就业问题上采取的是定向分配政策。但是，随着改革开放的深入发展，中国面貌焕然一新，高校人数每年递增，高校毕业生定向分配的政策不再适合中国国情。因此，在 1996 年，国家取消了高校毕业生定向分配政策，实行自主择业。

在自主择业的社会背景下，高校毕业生自由竞争，高校人事处择优录取。此项举措看似提高了高校英语教师的水平，但是，结合时代大背景，现代高校毕业生与中华人民共和国成立伊始的高校毕业生在质量方面存在一定的差距。而且，在高校扩招的情况下，高校对英语教师的需求量骤增。因此在高校招聘英语教师时，往往是降低门槛。

此外，英语是一门语言类的学科。高校英语教师的选拔多是选择我国高校内英语专业的学生，而较少聘用曾经生活在英语环境下的外教。虽然此部分学生经过专业的学习，具有一定的英语水平，但其中大部分学生并未置身于英语语言环境之中，对英语语境的了解并不深刻，如难以理解一些地方性的俗语、英语思维等，对英语的理解变通性差。因此，在英语教学的过程中，外教相较于毕业于中国高校英语专业的教师来说存在一定的教学优势。另外，高校在对外教的招聘选拔时，也存在一定的问题。在一些非重点高校内，为了弥补外教稀缺的遗憾，常常降低对外教的要求，致使一些并不具备教学资格的外国人进入中国教育事业中滥竽充数，影响中国高校英语教学的发展。

二、学生方面的原因

在教学活动中，学生自始至终都处于主导地位，任何教学模式的实施都离不开学生的参与，只有学生积极主动地融入学习中，教学活动才能体现其价值。在高校英语教学模式中，学生是最主要的参与者。国家、学校在设置高校英语课程的教学目标、教学内容，规划课程设置时不得不考虑学生的因素。因此，在高校英语教学的实施及宏观支持系统等两个方面存在的问题都与高校学生素质有千丝万缕的联系。

（一）地域不同

自古以来，中国疆域辽阔，因地形、地貌等因素的影响，形成了鲜明的地域特色。不同地域的人们在生活方式、生活理念等方面皆存在较大的差异，形成了独树一帜的地域文化特色。这些不同的地域文化特色，共同构筑了统一的中华民族传统文化。

中国高校海纳百川，群英荟萃，接纳来自中国各地的莘莘学子。这些学子来自不同的地域，有着不同的教育背景，接受着不同程度的教育。在英语教育方面，当前中国尚存在着东中西部、城乡等地域方面的差异。因此，高校大学生在入学时，英语基础上因其地域的不同存在差异。此外，在当今高校不断扩招和国家政策倾斜的背景下，众多中西部、农村学子能够进入高校校园内学习，接受高等教育。英语课程是大学生必修的课程之一，因学生英语学习基础存在差异，教师在英语教学模式的使用上不得不考虑部分学生的接受能力。因此，在教学目标、教学内容、教学方法、教学评价等方面不得不因人而异，顾全全体学生。

总体而言，随着中国高校的改革，高校内的地域特色逐渐浓厚。因地域的不同，促进了高校内校园文化的丰富多彩，丰富了中国大学生的日常生活，促进了中华民族文化的大融合。但是，因其地域不同，学生在英语学习基础方面存在差异。这种差异的存在，对当今高校英语教学模式的发展起到了不同程度的阻碍作用。

（二）高考考生类型不同

高考是中国学生学习生涯中的一件大事。每年有众多的学子，通过高考，升入理想的高校。高考是全国普通高等学校招生的统一考试，按照已有的招生计划，择优录取。一般情况下，人们认为高考有两类，一是普通高考；二是艺术类高考。前者参加人数比例明显多于后者，但后者参加人数，在近年来呈持续上升的态势。在中国，艺术类高考考生大致分为六类：一是服装表演、模特专业；二是美术专业；三是表演专业；四是音乐专业；五是播音主持、编导专业；六是舞蹈专业。

每位艺术类考生不仅要学习相应的艺术专业课，还要学习文化课。但是，参加艺术类高考的考生相较于普通高考生，文化课要求比较低，成为许多文化课不优秀的学子进入理想高校的途径。因此，当前中国的学生普遍存在艺术类高考较为容易的心态，促使每年报考人数增加，学生质量良莠不齐。

中国高校内的艺术生在通过高考的过程中，高校对其在文化课程上的要求普遍较低。据调查统计可知，艺术类考生同普通考生在文化课成绩上的差距显著，虽然并不排除部分艺术类考生的英语成绩十分优秀的可能性，但是，总体而言，从大数据分析可知，大部分艺术类考生的英语成绩均不理想。

艺术类考生进入高校校园后，同普通考生在性质上并无差别，同为高校一员，共同接受高等教育。但是，因其在入学考试时文化课要求低，导致其英语等文化课基础薄弱。加之，社会普遍价值观的默认，致使部分学生学习文化课的动力不足，甚至产生自我怀疑；固有的心理态势与思维方式，加大了艺术类学生学习英语等文化课的困难。因此，在从高考考生类型分析可知，不同的考生因其英语基础的不同，导致高校英语教学模式改革、发展中出现各式问题。

（三）学生性格不同

根据心理学研究，不同性格的人会产生不同的心理活动。性格体现一个人的本质属性，是人与人之间相互区别的主要方面。在心理学上，性格的定义是指人的较稳定的态度与习惯化了的行为方式相结合而形成的人格特征。

学生性格类型多种多样，根据心理活动的指向，性格可分为外向型和内向型。外向型的学生，在心理活动上多指向于外部世界，大多感情奔放，如表现为活泼大方，热情开朗，善于应酬，思维敏捷，对环境适应性强；而内向型的学生则同外向型的学生相反，其在心理活动上多指向于内部世界，感情比较深沉，办事小心，谨慎多思，不善于交际，适应环境的能力较差，很在意别人对自己的评价。

根据英语教学的特点，据调查统计，偏于外向型的学生的英语学习较为容易；反之，而偏于内向型的学生在英语的学习过程中常遇到困难。英语等语言类学科的学习是综合学习的过程，注重语言表达，需要学生具有勇于表达的能力，因此在性格方面，偏于外向型性格的学生在英语学习中更为容易，而偏于内向型的学生往往因其羞涩、害怕出错等引起其他学生的嘲笑，心理比较敏感，不善于表达，在英语口语等学习上较为吃力，且因其害怕别人轻视的目光，一般口语较差，从而在英语的学习当中体会不到讲英语的乐趣，最终失去学习英语的兴趣，缺乏学习动力。因此，不同性格的学生，造成英语学习兴趣的差异，致使其英语能力不同，成为英语教学模式发展中出现问题的成因之一。

（四）学生的学习动机不同

在语言教育中，动机是学生语言学习成功与否的重要因素之一。动机主要是个人采取各项行动的目的、意图、心理冲动等。它产生的基础是人们的各种需要，因此，可以对人们行动的愿望和意图起到激励或抑制的作用，是人形成各种行为的内在原因。

从动机产生的内在原因看，学生对英语学习的动机分为三种需要，一是好奇心的驱使下探索世界的需要。学习英语不仅仅是掌握一门外语，更可以探索其他国家的政治、经济、文化，满足其对外部世界的好奇心。二是学习知识的需要。英语作为一门课程，对其通彻的学习，可以丰富自身知识，满足自身求知欲望。三是对自我提高的需要。学习英语可以扩大自己的交际范围，提高学生在学习、工作中的能力，实现自我价值。

但是，结合中国高校的实际情况，高校大学生对英语的学习有自身实际需要，主要是通过考试，如通过全国大学英语四、六级考试，主要是针对我国高校非英语专业的学生；还有部分学生因升学的需要，参加研究生入学考试，其中英语是各类专业考生的必考科目之一；此外，还有部分学生因出国留学的考虑，需要考托福或雅思。调查数据显示，在中国高校内，因考试需要而学习英语的学生占总体学习英语的学生的 72%，因兴趣所在而学习英语的学生仅约占 9%，因其他需要的学生占了将近 19%。古语有云：兴趣是最好的教师。根据数据调查，在高校学生中，因兴趣而学习英语的学生仅占少数，大多数学生对英语的学习仅仅是为了通过考试。因此，在学习兴趣上的缺失，致使其学习动力不足，从而成为高校英语教学模式中的问题的成因。

三、其他方面的原因

高校英语教学模式的实施离不开教与学的主体。在教学活动中，教师是教的主体，学生是学的主体。因此，高校可以从教师与学生方面分析，寻找问题的成因，如教学目标因学生能力不同设计的不够贴近课堂实际；教学方法不适合学生；教学评价实施中教师方法不当；教师能力素质欠缺；学生兴趣缺失、基础薄弱、实际应用能力差等。但是，高校英语教学模式中问题的成因，不仅仅存在于教师与学生方面，还存在于其他方面，如国家经济发展的不平衡、政治战略要求、文化传统等。这些外部因素会对教学环境产生莫大影响，使高校英语教学出现区域间不平衡性的现象。

（一）经济发展不平衡

1980 年，深圳、珠海、汕头、厦门等成为中国第一批经济特区；1984 年，又开放了一批沿海城市；1985 年，设置了长江三角洲、珠江三角洲、闽东南地区、环渤海四个沿海经济开放区；1988 年，设置海南岛为经济特区；1990 年，开发上海市浦东地区。在四十多年的时间内，中国对外开放格局逐渐形成，表现出全方位、多层次、宽领域的特点。

在改革开放过程中，国家经济区域发展差距逐渐显现，并呈增大的趋势。虽然国家领导者提出“先富带动后富，实现共同富裕”的目标，努力致力于缩小区域间差距，但是经济发展差距依然存在。在经济发展实力上的不平衡，决定了教育发展的不平衡。教育发展的不平衡，具体到教育实践上，出现了英语教育环境的不平衡性，成了高校英语教学模式问题出现的原因。

（二）政治发展战略

经济基础决定上层建筑。经济发展的不平衡性，决定了国家政策的倾斜。当今中国的东西部地区在经济实力方面仍然存在较大的差距。为了缩小差距，国家在政策上会适当地向西部地区倾斜，如号召东部地区在经济上帮扶西部地区；在高考录取时，降低西部学子的分数。虽然有东部地区的经济扶持，且近年来扶持力度不断加大，但东西部之间的教育环境依然差距明显。总体来说，国家更多的是把大量的资金、优秀的技术先行投入东部地区，在试点成功后，方才引进中西部地区。

当今国内正处于实现伟大复兴的关键时期，且国际环境带来的挑战、压力不断增加。综合国内外的环境，当前的国家建设急切需要更多的高精尖人才。因此，在国家政策上的倾斜正是适用了此种需要。政策性的倾斜成为高校英语教学模式出现问题的宏观因素之一。

（三）文化传统

由于中国地域辽阔，地形类型丰富多样。东部地区多海，在改革开放后，已成为人口密集地区；中部地区多平原，自古以来都是人口密集区；西南地区多崇山峻岭，自古以来人烟稀少；更有号称“世界第一屋脊”的青藏高原，人迹罕至。不同地形附近的民众，生活习惯各不相同，从而在文化心理上也各不相同，如靠近海洋的民众，在文化心理上较为开放，勇于冒险；而靠近崇山峻岭的民众，则较为保守，安守本分。

此外，明朝时期，在世界文化史上出现“西学东渐”的现象，一批西方传教士率先从东南沿海地区登陆，进入内地传教。虽然在明清时期，西方传教士的思想并未对中国广大民众产生过深的影响，但是已经给了部分东南沿海地区人民接触西方人的机会。因此，相较其他地区，该地区的民众与西方人的交往时间更为长久。总体而言，在文化传统上，东南沿海地区民众的英语学习占据优势。因此，在高校英语教学模式中，东部地区的教学环境更为开放；而内地的高校，在英语教学模式上，不仅在教学环境上处于劣势，而且从学生层面分析，其所出现的问题更多。

综上所述，高校英语教学模式中存在诸多问题，这些问题的出现制约了教学模式的发展。经过对问题抽丝剥茧地分析，宏观层面的原因主要是国家经济建设、政治战略、文化传统。而从微观层面分析，问题成因主要来自教学的两个主体——教师与学生。教师与学生在英语教学模式过程中，不仅自身存在问题，同时这些问题还是许多其他教学问题的成因，如学生基础较差和教师能力的不足成了教学目标、教学内容、教学方法、教学评价环节产生教学问题的原因。

第四章　高校英语教学模式的优化策略

在经济全球化、文化多样性的时代背景下，互联网新媒体的兴起给教师带来了新的职业要求。为了应对日益严峻的高校毕业生就业形势，我国的高等院校必须痛定思痛，认真思索高校英语教学模式的转型发展之路。本章共五节，分别是设定合理的教学目标，采用立体教学方法；选用丰富的教学内容，设计激励型教学评价体系；优化教师培养机制，创新英语教材编写体系；改革英语课程体系，完善学生培养机制；提升学生学习兴趣和自主学习能力。

第一节　设定合理的教学目标，采用立体教学方法

一、设定合理的教学目标

“火车跑得快，全靠车头带。”合理实际的教学目标是高校英语模式优化发展的第一步。

（一）高校英语教学目标的设定现状

当前，我国高等院校学生的知识获取已经不仅仅依赖于学校课堂。首先，我国的高校均开通了针对授课教师的网上评价机制，将提高高校学生的课堂满意度作为教学目标。其次，考试通过率也是衡量教学目标是否达成的重要指标。当前高校英语教学的着眼点，并非让更多的大学生掌握一门语言的使用知识和技能，而是让学生学会如何应对语言环境的变化。不难看出，“学外语热”在高校的延续已经处于机械化的状态。

我国高等院校在素质教育工程建设的过程中步履沉重。时至今日，依旧有很多高等院校在复制初、高中的教学模式，让不少刚刚进入高校校门的学生感言回到了高中时代。繁重的课业压力、密密麻麻的课程表、时刻不放松的点名制度都成了素质教育教学目标设置的障碍。古希腊流传着一句名言教学名言“认清你自

己”；在中国历史上老庄一家也曾提出过“顺应自然，大为无为”的口号，[①] 从古今中外教育发展的内容来看，紧张式和功利性的教学目标不能提升教学效率。高校、教师、学生乃至社会都呼唤“灵活”“实用”的教学目标的出现。进入高校伊始，全国大学英语四、六级考试是摆在每一个大学生面前的第一道难关。有的高校甚至忽略自身的教学目标，把全国大学英语四、六级的通过率作为校与校之间、院系之间进行比较的重要指标。如果把学生该项考试的通过率当作一项有力指标来看，试问，在全国大学英语四、六级考试通过率的贡献中，高校英语的学习成效贡献了多少呢？换言之，有多少大学生是在经过高校英语的学习之后大幅提升了自身的考试通过率呢？高校英语教学到底应该树立什么样的教学目标呢？对此，笔者在综合分析了高校、学生和社会三方面的因素之后，认为高校的英语教学目标大致如下。

首先，现实客观要求高校英语教学为学生就业做准备；其次，我国的基本国情要求高校英语教学为提升国家的综合国力和国家竞争力做准备；最后，人才培养要求高校英语教学为打造语言能力强、知识面宽广、具有国际视野和跨文化交际能力的新型人才做准备。

高校英语的教学目标若能真正立足以上三条准则，将会为高校英语教学工作起到引领性的重要作用。

（二）高校英语教学目标的设定原则

在明确了高校英语教学工作应当设立什么样的教学目标之后，笔者特别提出高校在设定教学目标时应该坚守的两条基本原则：一是渗透式教学原则；二是个性化教学原则。

1. 渗透式教学原则

西方教育界普遍盛行的教育原则为“渗透式”，它是在文化背景和社会结构等多方面因素的共同作用下产生的，它不要求教学工作按部就班地进行，而是主张和鼓励授课教师运用跳跃式的灵活方式，将实用性的知识传授给学生，以期达到学生长远发展的目标。在授课过程中渗透式教学原则多以理论和结论为主。渗透式教学原则对授课教师的要求高于传统教学，它希望教师可以把问题铺设开来，运用自身的社会经历、情感经验、兴趣体会等把实用的知识讲新并讲活。渗透式教学原则所讲授的理论知识是现象功能与实用功能并存的，它把学生引入了一个

① 汪火焰．基于跨文化交际的大学英语教学模式研究[D]．武汉：华中科技大学，2012.

框架体系内，让学生自由地发散和学习。渗透式教学原则有时也允许学生“不懂”。在引入渗透式教学原则之后，教师可故意为学生设置难题，使其处于似懂非懂的状态，引导学生进行自我探索，在反复地摸索和解决问题的过程中，学生将更加注重个人体会，知识也将在其不知不觉中被吸收。这种教学方式看起来颠覆了传统的教育法。与传统的由易到难、由宏观到微观，仿佛抽丝剥茧式的向学生精雕细刻的展示知识的渐进式教学相比，渗透式教学原则有着不可比拟的优势，它将学生从僵化的填鸭式教学法中解放出来，把教学活动的主动权给了学生，培养学生独立思考、开拓、创新的能力。

2. 个性化教学原则

我国的大教育家孔子提出了“因材施教”的理念。在大多数人看来，进入高校学习之后，由于学生年龄和认知的发展，开展个性化的教学似乎不切实际，难度也较初、高中时期大。其实，个性化教学的模式改变了传统教学模式的“一对多”的局面，强调“多对一”，即高校里多个优秀的教师针对一个学生。这是我国发展素质教育的必由之路。凡是提到素质教育，我们更多是注重学生之间的差异，但是却很少提及和关注教师教学的差异。因此，在教学活动中，关注教师教学的差异则显得尤为重要。只有充分利用教师教学差异的高校英语教学课堂，才能真正解放学生的天性，张扬学生的天性。没有个性的教育是对学生天性的扼杀，每个课堂上的学生都好比是标准化车间里的螺丝钉，而不是一个被充分尊重的人。

一对一的教学模式在教育发展的早期备受推崇。在这个时期，教育本就是一项贵族或者上流社会阶层才能接触到的活动。随着经济发展，这种贵族式教育模式逐渐发展成了班级制教学，社会文明的进程往前迈进了一大步。班级制教学有一定的社会局限性。班级制教学本质上是一种共性教学，只为向学生普及公共知识和基础知识，所以这种教学模式培养出来的学生具有很强的共性，就像工厂里生产的螺丝钉，从思维模式到价值观选择上都没有太大的差异。因此也有人认为，这种班级制教学抹杀了学生的天性，与当时的社会历史现状结合在一起思考不难发现，它崇尚的是“一刀切”的处理方式，没有太多优质的教育资源可供学生发展个性。18 世纪法国启蒙主义思想家卢梭的教育论著《爱弥儿》就充满了个性化教学思想，但由于当时的科学技术，人们并没有把他的个性化教学观当真。[①] 随着社会经济的快速发展，个性化教学越来越成为时代的主流，个性化教学具有越来越旺盛的生命力，借此带动了社会教育的蓬勃发

① 张俊英．大学英语多维互动教学模式行动研究[D]. 上海：上海外国语大学，2010.

展，丰富了全社会教育的形式，尤其是当下移动互联网技术的快速发展，为个性化教育提供了更加宽松的社会环境。高校作为我国的学生接受学校教育的最后一站，英语教学更加应该在教学活动中践行个性化教学的良好理念，使每一位大学生都能在课堂上接受好的教育，为其将来就业和走向社会做充分的准备。

（三）高校英语教学目标的设定程式

英语教学目标的设定应当符合学生可持续发展的基本要求。教学目标的设计、确定和实现是一个完整的生态系统，整个生态中的每一步都关系着整个体系的运作和结果的达成。高校英语教师在渗透式教学方式和个性化教学方式的指导下，制订更加生态的高校英语教学目标。

1．大学生语言知识目标的设计

在初高中英语学习的基础上，夯实学生的英语听说读写的技能应当是高校英语教学的首要目标。学生要想正确理解英语，应当与语言特定的文化相联系。因此，学生要想达到语言知识的目标，就必须兼顾文化知识的学习，其中包括背景、渊源、宗教等。进入高校学习的大学生，相关的基础知识已经具备，在此学习阶段，应当涉猎其他国家文化，培养中外文化的异同感和鉴别能力。因此，高校英语教学应当正确处理好语言和文化的关系。

2．大学生发展目标的确定

新一轮基础教育改革认为英语教学的目标是培养学生以综合语言运用能力为主的“多维目标”。“多维目标”主要由五个部分组成，即语言知识、文化意识、语言技能、情感态度、学习策略。① 高校英语教学更多的是要提升学生英语语言运用能力，这种能力的发展是一种智能的发展，是指学生对语言的词义和语法具有一种超强的敏感性，它要求学生不仅能够用英语正确、清晰地表达自己的意思，还能把自己的想法准确无误地传达给对方。近年来提出的多元目标更加符合社会实际。多元目标把每个阶段性的目标都设定为一个整体，每一项目标也有其独立的标准。例如，多元目标的其中一个要求是重构文化观，它要求学生在清楚地表情达意的同时，能够用英语表达中国文化。

3．大学生整体教学目标的实现

重视基础知识、进行刻苦学习是学生面对课业时应该采用的学习方法，而不是学习的目标。在高校宽松的学习氛围中，有些学生和教师为了学习而学习，将

① 吴文．英语教学生态模式研究[D]．重庆：西南大学，2012．

目标和实现方法本末倒置。英语作为从基础教育到高等教育在各教育阶段占据重要位置的学科，更应该在教育教学中贯彻教育目标。教学目标的实现离不开刻苦学习的优良学风和科学有效的学习方法。教师教学能力要提升，教学质量要提高，同时也要鼓励学生养成认真学习、独立思考、善于纠错、勤学苦练的学习习惯，共同助力教学目标的达成。高校的教学目标要紧紧围绕国家富强和民族振兴的目标，将为了每一位学生的发展作为教学理念。整个教学活动要以学生为本，注重“人”的教育。鉴于社会背景的转变，高校英语教学目标要集语言基础知识和相关技能于一体，让学生在学习理论知识的过程中重视学习体验和感受，充分激发自身的学习潜能，同时重视学生个性化语言学习，最终实现大学生的全面发展。

二、采用立体教学方法

高校要想优化英语教学模式，在教学方法的选用上就要体现灵活性与切实性相结合的特点。英语教学一定要避免教学方法的单一性和绝对性，教学方法要灵活变通，只要是促进学生语言知识、文化知识和应用能力的提高和促进学生的全面发展的教学方法都可以引入到英语的教学模式中来。具体而言，英语教学方法的多维立体需要结合目前普遍认可的语言知识教授法，即传统的语法翻译或者演示法，相对集中地进行短时间教学，让学生在相对恰当和有效的时间内充分掌握相关的知识要点。为了更好地提高学生的英语听说读写的能力，英语教学方法要多维立体，尤其是要在学生学习方法上拓展宽度、加大深度。

（一）语言知识教授

语言知识的教授主要是以教师为中心，通过教师向学生传递信息和观点，这样的教学方法是迄今为止传递信息最有效的方法之一，也非常适合我国英语教学的实际情况。我国的英语教学在此基础上开始不断地对此种教学方法进行改进，即将单向的传递信息扩展为教师与学生的互动学习，类似于传播学的传播模式——传递一接收—反馈。课堂教授法在传授语言知识方面具有一定的优越性，尤其是增加了反馈的环节后，课堂语言知识教授方法更值得提倡。课堂讲授法大致可以分为正式讲授、互动讲授和示范讲授，而在这样的语言教授模式中，教师扮演了相当重要的角色。

1. 互动式讲授

随着国内外英语教学方法的不断改进，越来越多的英语教师开始使用互动教学方法。在高校英语教学课堂上，学生的注意力集中持续时间不长，因此在教学方法的选择上，除了需要基础的正式讲授，即传统的语法翻译，还需要教师在正式讲授后采用提问等方式鼓励学生进行更多的知识反馈，这样学生才可以更好地、积极地参与到课堂教学中。目前部分教师是将内容讲授完后再进行相应的问答互动，但是如果教师在讲授过程中能够及时调动学生的积极性进行互动，那么对英语教学将产生更好的作用。

2. 示模式讲授

示模式讲授就是在知识讲授的基础上进行触类旁通的扩展式教学。在英语教学的一堂课中，教师在完成正常的内容教授后，针对学生的知识掌握情况，如果教师要进一步地加深学生的学习印象，就需要采用效果显著的示模式讲授。教师要向学生讲授相关的英语知识应用实例，激发学生对于英语知识深入了解的兴趣，让学生真正参与到对知识的应用中来，让学生成为自己学习的主体。

3. 课堂讲授法的阶段划分

语言知识教授的几种形式，在实际应用过程中需要灵活应用，由教师进行把控，但是总体而言，还是遵循伯恩在教学过程中提出的 presentation（呈现）–practice（练习）–production（运用）的教学模式（又称 PPP 教学模式）。① 在实施课堂教育中，PPP 教学模式是多维立体的教学方法的基础教学模式，而在实际实施过程中，教师应该尽可能地开发教学材料蕴含的趣味性，以激发学生的学习动机，促使学生在短时间内吸收和消化教师传递的语言知识。

（二）发挥文化差异的吸引力

很多受高等教育的学生在英语的读、写与说的能力上都有明显的短板，尤其是很多英语专业的学生连最基本的英文经典名著《双城记》《简·爱》等都没有读过完整的英文版，因此，部分英语专业学生的专业素养是有一定缺陷的。

语言是与其对应的民族文化、区域文化经过长久的发展和繁衍而产生的，一个民族或者区域的语言是该民族或区域文化的载体，而且一个民族或者区域文化的传承与发展更是离不开语言。不同的民族、不同的区域由于地理、经济、社会等因素，它们的文化、历史、风俗也会千差万别，而这些差异都会在本民族或区域的语言中表现出来。要想学好一种语言，就必须了解这种语言所在民族或区域的文化，只有这样才能学习到语言中的文化深意，将来也才能更好地运用好这种

① 张智武．提升大学生就业与创业指导课教学实效的思考[J]. 辽宁工学院学报（社会科学版），2005（4）：118–120.

语言。从某种意义上讲，一种语言的文化不是通过教师讲授或者学习教材就能学习了解到的，而是需要学生在相应的语言文化环境中接受熏陶，即文而化之。文化知识熏陶最好的教学方法就是沉浸法，即积极营造英语语言文化课堂内外的文化氛围，让学生沉浸在英语语言文化中，从而达到文而化之的效果。

沉浸法是指在课堂内外共同营造一种英语语言文化的氛围，从而进行课堂教学的方式。沉浸法可以归结为三个维度：一是可以通过营造一个近似于英美文化传播的课堂教学氛围；二是通过教师安排课外的相关英语经典名著或者英语电影等推荐学习，这主要依靠学生自主学习与了解；三是教师可以通过组织英语语言文化的相关学习活动，在课堂以外的地方营造一种文化氛围。[①]

1. 课堂文化氛围

对学生进行文化知识的熏陶可以从营造课堂文化氛围入手。营造英语课堂的文化氛围，需要借鉴使用英语的国家的课堂的优秀经验，这主要表现为在课堂上要尽量营造一种轻松的气氛，只有将学生与教师放在一个相对平等的位置上，学生在学习英语的过程中才能感受到英语文化的魅力，从而激发学生的学习兴趣，提高学生学习英语的效率。

2. 利用课外进行自主扩展

了解一个民族语言文化最好的方法就是了解这个民族的历史文化，所以在进行英语教学的过程中，除了在课堂上为学生营造一种英语文化氛围，在课堂外也可以让学生在课余时间自主学习、阅读一些相关的英文经典名著，如《飘》《呼啸山庄》等；另外也可以鼓励学生利用休闲时间去看一些英文字幕的电影如《百万英镑》《傲慢与偏见》等；还可以鼓励学生听一些的英文歌曲。这些多种形式的课外自主学习活动的顺利开展需要教师尽可能地调动学生的自主性，这样学生才会沉浸在英语文化的氛围中，这对于提高他们学习的效率是非常有帮助的。

3. 组织英语学习活动

课堂上的英语文化氛围的打造及学生自主的扩展学习都是英语文化沉浸法中相对基础的环节，主要目的是让学生拥有和具备对应的听、读、写的能力。在英语教学中，还有一个更加重要的环节，即通过组织英语学习活动提高学生说英语的能力，通过营造一种语言交流的氛围，让学生沉浸在英语交流的文化氛围中。

① 张俊英．大学英语多维互动教学模式行动研究[D]. 上海：上海外国语大学，2010.

教师可以利用课堂正式讲授以外的时间组织学生参与各种形式的英语学习交流活动，可以是英语角、英语晨读、英语沙龙等，也可以是组织学生进行英语交流的游戏。教师和学生可以选在户外空旷的地方席地而坐，通过做游戏的方式进行一些问答交流；也可以设定很多种不同的英语交流的场景，鼓励学生在活动中用英语进行交流，通过各种模拟真实交谈情境的方法让学生沉浸在英语交流的乐趣中，从而锻炼学生的英表达能力，让学生将平时说的很多日常用语用英语表达出来。这样的做法，一方面提高了学生的实际应用能力，另一方面也提升了学生英语交流的自信。

（三）英语教学方法多维立体

科学技术的发展推动了教学方法的发展，英语教学方法也随着科技的进步变得形式多样、内容丰富。在生活中，学生有很多接触英语的途径，这些途径可以让学生了解语言文化，提高兴趣并扩展思维。除此之外，进行英语相关问题的讨论，有利于鼓励学生多角度、多层次地理解英语语言。

由于地域、年龄、受教育程度、社会环境、家庭氛围等因素的综合影响，学生之间的英语学习差异会被逐步放大。社会阅历的增加也使得高校大学生的求知欲望不断增长，此时的高校教学要在不同程度上跟上学生思维转变的节奏，并满足他们的需求，高校英语教学尤其如此。英语对中国的学生而言是一种陌生的语言。陌生的语言系统带来的就是陌生的文化，很多时候学生对陌生的事物具备强烈的好奇心，只有正确利用学生的好奇心，并加以指导和开发，才能真正促进学生知识体系的丰富。每一个学生看待事物的方式和角度都是不一样的，要尊重学生的差异，并且要多角度、多层次地开发高校英语课程，只有满足学生的需求，才能真正起到优化学生思维的作用。

学生在不断地学习与探索的过程中会接收到数以亿计的信息，包括课堂上学习到的、自主阅读到的、生活实践中的等，这些都将沉淀为个体的一种宝贵经历，而其在未来接受新的知识的时候，必然会受到以往学习的知识和经验的影响，从不同的角度、不同的层面思考问题。这就要求英语教学方法也要针对学生的实际情况，进行相应的改进与调整，将课堂逐渐交给学生，让学生参与评论并发表自己的独立见解。不同学生思想火花的碰撞，会使其知识的学习更加容易，也更加深刻。因此，教师要创造条件并引导学生多层次、多角度地进行思考，从而优化学生思维。

第二节　选用丰富的教学内容，设计激励型教学评价体系

一、选用丰富的教学内容

在教学目标确定下来之后，随之而来的就是如何把既定目标实践下去。传统教学立足于教材。早期的英语教学大多都聘用过有海外留学经历的高校教师，留洋教师或外教出现在高校英语的教学课堂已经不是一件稀罕的事。但是随着高校教育的进一步普及，英语教学越来越狭窄化。国内部分高校的大学生甚至连外教的面都没见过。部分资历尚浅的英语教师教授的内容更多的是书本知识，或者从教师的教师那里搬运过来的、粗浅的英语知识，谈不上对西方文化的深入研究。加之高校松懈的课堂监督机制，很多学生反映从高校英语课堂已经无法摄入有营养的英语知识。从本质上来说，教学活动离不开教学内容，构成教学活动的根本因素就是教学内容，科学、特色的教学内容是课堂成功与否的影响因素。近年来，提起高校的英语教学模式改革，更多的是口号大于内容，从实践的角度来看，在设定好目标前提下，进行教学改革的第二步就是内容的改革，教学内容改革要解决的问题是指在教学过程中，传授什么样的知识给学生。学术界认为，教学内容是指教学过程中同师生发生交互作用，服务于教学目的达成的动态生成的素材及信息。[①] 在过去的教学模式和理念中，教师和学生都错误地把教学内容和教材简单等同在一起，把教材内容细致地传授给学生就算完成了教学任务。现在看来，这种做法是极其机械的。殊不知，教材只是教学大纲标准下的普遍知识的浓缩，并不能代表全部的教学内容。我国现行的教材大多数由事实、概念、原理，以及他们的内在联系所构成，从学生的思维逻辑角度出发，仅仅依靠教材教学是空洞的、乏味的、不切实际的，在没有基础认知的前提下被一股脑儿灌输理论知识，学生的思维逻辑将会提前进入呆板区。理想的教学内容是教师和学生共同对教材内容进行二次加工，在了解学生和社会实际的前提下进行取舍；一方面，将编写好的教材进行合理利用，另一方面，教师和学生可通过组织相关教学活动，激发自身的再创造能力，把教学内容有的放矢地安排在教学活动中。通过分析教材和教学内容的差异可知，教材只是教学内容的一部分，切不可当做刚性指标来贯彻实施。当前的高校英语教学模式改革更加应当把教学内容当作改革的重难点。因

① 吴文．英语教学生态模式研究[D]．重庆：西南大学，2012．

此，我国高校在进行英语模式改革的过程中，要借助对大学生有益的语言知识、安全的文化意识和发展全人类的思想等来共同完成高校英语教学内容的变革，让更多的大学生受益于高校英语的教，并最终内化为其就业优势和人格发展力量。

（一）工具性

有人认为，英语本身就是一种工具，是应对就业压力和适应时代转变而出现的工具，跟移动互联网类似。作为一种语言门类，英语的工具性主要体现在传统的听、说、读、写方面，无论教育模式如何改革，其包含的基本技能不会变，只是在不同的时代背景下，社会对技能要求的侧重点不同。英语教育在初始阶段侧重于词义和语义的辨析，在这个阶段涌现出了大量的翻译作品，满足了人们对西方文学和相关成果的迫切需求。而现阶段，由于社会形势的复杂化，对人才的要求进一步提高，这时候的英语显示出了其作为一门语言的本质要求——互动交流，即由静止的辨析词义、语义转变为能够运用英语对答如流。此时的英语在使用者的脑海中更为西化，随之而来的是思维方式的转变。如果没有对词义、语义辨析及相关语法知识等的基础，任何人都无法用英语进行流畅的交流。由此可见，英语语言的工具性是其他一切特性的基础。更有甚者提出，高校英语的教学内容设置应当分门别类和因材施教，如在英语教学内容上搭建课程体系，内容设置分别为通用英语、特殊用途英语、通识教育类英语。对于中国来说，基础教育不能丢弃，大多数国人的英语学习基础相对薄弱，虽然在初、高中阶段接受过英语基础知识的教育，但是对大多数刚刚踏入高校校门的新生来说，其英语学习技巧在不断丰富，但是专业知识基础不够牢固，必须依靠继续教育来实现进一步的强化。在保留了基础教育的前提下，高校英语教学应当重视工具性的教学内容的发展，逐步扩大其他两类英语内容类型的份额。

通用英语是多年来我国一直应用的英语教学内容，侧重于英语教学的基础性，在这里将不再赘述。特殊用途英语重视英语的专门性，包括学术英语和职业英语两大类。特殊用途英语的教学目的不单是给学生传授某种知识，而是将教学活动与学生的语言能力相挂钩。要想实现高校英语教学的改革，发展特殊用途英语已经成为不可逆转的趋势。通识教育类英语以实现大学生的语言文化素养为主要目标，是英语教学发展的高级阶段。通识教育类英语应帮助学生了解西方文明、思维方式、生活习惯，以批判性眼光看待西方文化和核心价值观，熟悉中外文化差异，其培养跨文化交际能力，否则，就无法达到用英语进行有效交际的目标。高校应当清楚地认识到，英语教学的目的是培养学生的语言综合运用能力，进而提高其语言应用水平，在这个目标的基础上，构建英语教学内容体系的比例要适当，从而使每一个进入高校接受英语再教育的学生都可以找到自己的能力增长点。每个学科都必须在复杂的社会形势下寻求系统性的教学方法，“一刀切”的教学模式早已不能适应社会的发展。英语学科设置系统化、体系化的改革是符合社会要求的，这为更多积极探索英语模式改革的高校提供了切实可行的方法论。

（二）人文性

英语作为一门语言类课程，分属人文学科，它在启迪学生思维、塑造人文精神方面具有其他学科不可比拟的作用。同时，学习英语也是大学生拓宽知识面、提升个人文化素质的有效途径。因此，英语兼具工具性与人文性。随着高校教育教学活动改革的不断深入，其理念的更新不断彰显出其语言人文性的特点。相比于工具性，英语人文性的特点更应该受到重视。从我国几千年的文化传承中不难看出以人为本的理念在中国文化和思维逻辑中的重要地位。在国家科学发展观的政策指引下，高校教育应当紧跟步伐，高度重视“人”的培养。人文性重视文化知识和文化传统。这就要求高校的英语教育不应当片面地把英语当作是一种工具，对于英语语言中的词义和语义辨析也不能简单机械化，而是要把英语当作是一个复杂系统，其中就包括语言本身的组成要素，语言规则、文化因素、生活习惯等。引导大学生主动探究语言背后的深意，从而提升大学生的主动创造力。学生学习英语除了要充分了解西方文化，更重要的是要用英语的方式来传达中国的文化。在过去的教育中，用英语解答中国问题方面的教育一直是空白的，很多学生把自己学成了英文通，但是却丢失了中国文化的精髓，出现了很多让人哭笑不得的笑话。发展英语教育，本质是搭建沟通中西方经济、政治、文化、社会等方方面面的桥梁，要做到既能了解并吸收外来文化的先进经验，同时也能帮助本国文化走出国门，推广本国的先进文化。因此，在进行高校教学模式改革的过程中，要正确处理学习外来文化与保持中国文化之间的平衡关系，尤其是在引导学生学习西方文化时，教师可适当穿插中国文化知识，通过鲜明对比实现共同学习。高校英语教学课堂是比较集中和直接地进行文化输入、输出的场域，若能利用学生群体实现文化输出，就实现了文化教育的终极目标。因此，在进行高校英语教育过程中，要统筹中西方文化的特性，实现本土文化和外国知识的融合发展，培养出真正精通外国文化，同时热爱本土文化的社会主义接班人。

（三）关联性

英语学科教学的关联性有两方面含义。首先，语言系统内部具有关联性。英语学科作为一门语言类别，本身就是一个极其复杂的知识系统。从语言本身来讲，英语包括英式英语和美式英语两大类。每个类别的系统都与其他系统有区别，具有很强的综合性。每个语言系统都包括科学、文化、历史、自然、地理等相关因素。其次，语言系统与其他学科系统具有关联性。如果没有其他学科的知识积累，语言学科的学习就会停滞不前。

1．语言系统内部的关联性

英语学科从一定程度上可以看作一门综合性的学科。汉语是我国学生的母语，英语作为热度很高的第二外语，在中国学生看来，学习英语与学习汉语之间还存在着难以跨越的鸿沟。相较于母语学习，在进行英语学习的过程中，学生需要充分理解英语的语言构成要素及其他要素之间的关系、语法规则等，通过对语言相关知识的破解，建构自己的英语思维体系。理想的英语学习状态是将英语的思维体系经过内化等同于母语的思维体系。简言之，就是消除母语和英语之间的隔阂，达到语言和思维的有机统一。因此，要想高效地学习英语，必须把英语当作是一个整体和系统，重视碎片化的知识之间的连贯性。在日常的应试教育中，我们不难看到，迫于考试和升学压力的学生苦背单词，更有甚者出现了背英语词典的极端做法，也有的学生将英语语法进行了透彻的研究，但是却无法与他人用英语进行交流。英语绝不是简单地背单词和练习语法就可以学好的，必须注重其连贯性和关联性。

2．语言系统与其他学科的关联性

要想充分理解英语语言表达的意思，除了要做到语言系统内部的连贯性，还要调动起其他学科知识和文化背景等因素。只有充分把握语言使用者的使用背景、场域、受教育程度、生活习惯等方面，才能准确把握语义和词义。例如，语音知识的学习可以提高学生的听说能力、文化知识的学习可以提升学生的语言表达能力、交际策略的学习可以提升学生语言表达的流畅性和流利性。① 机械化、程式化的学习方法已经不能适应现代社会对语言的要求。要想学好英语，高校教师必须指引大学生学习其他相关的学科知识。单条腿走路，只依靠英语本学科知识是无法做到融会贯通的。对使用英语的国家的人文历史、文化背景、生活习惯等内容的学习可以帮助大学生学好英语，因此，在做好语言系统内部因素的关联性的同时，也不能忽视英语与其他学科知识的关联性。

（四）开放性

英语学科并不是一成不变的。尤其是当下社会形态瞬息万变，就业压力陡升。

---

① 吴文．英语教学生态模式研究[D]．重庆：西南大学，2012．

每个大学生都渴望把自己练成三头六臂，只为能在初入社会时打赢就业战争。随着社会和学校对英语教学重视度的提高，各类别、各阶段教育对英语教师的需求量不断扩大，这为大学生学好英语课程提供了一条就业渠道。另外，随着经济全球化的不断发展，改革开放后我国外资企业和中外合资企业逐渐增多，提高了对职工和高校毕业求职人员的英语要求，因此，大学生普遍希望通过寻求较好的英语教学来提升自己的英语水平。

1. 英语语言体系的开放性

英语课程的开放性体现在大学生直接参与的课堂教学中，表现为兼收并蓄的教学理念。唯教材论的写作方式已经不能适应现在社会对人才的要求了，社会对人才需求的变化要求语言教学也要做相应的调整和改变。另外，英语教学的变化也是社会变化在语言上的映射。鉴于此，高校英语课程内容的选择应当反映时下语言的最新变化，规范语言表达，选择符合时代语言规范的蓝本。语言系统本就是包容一切并自行优胜劣汰的，这就决定了这个语言系统本身应该是开放的，而不能是封闭的。例如，中国的语言文字经历了文言文到白话文的阶段，英语语言系统也经历了从繁复到简易的阶段。莎士比亚的戏剧作品放到现在，很少有人能了解其中之义，就是因为当时的语义系统与现行的语义系统已经发生较大的改变。这个开放的系统吸收了太多现代人适用的简易语言，不再遵从传统语言格式和要素，为了适应快节奏的社会变化，语言系统本身也做出了删减和选择。这种开放性指引着语言系统按照时代发展的规律，坚定不移地进行着自我完善和发展，以此来适应时代的需求。由此可见，我国倡导的开放不是局部的开放，或者某一个领域的开放，这种开放已经蔓延到语言系统自身。

2. 英语教学的开放性

正如联合国教科文组织在《学会生存》一书中指出的一样：教育在历史上第一次为一个尚未存在的社会培养新人。[1] 因此，为了继续延续教育在人类历史上的重大使命，继续启发心智，高校必须在教学活动中做出选择，以此来适应教学的发展规律。高校的英语教学必须选择对学生的心智有益，并且有助于学生进行长远发展的教学内容。英语教学和学习本就是一种枯燥的认知过程，如果利用简单的教材画地为牢，学生所学的英语知识将会是死板的，也是过时的。在教学过程中，教师应当充分利用教具和教学场所的开放性，充分解放学生的天性，让每

① 张智武．提升大学生就业与创业指导课教学实效的思考[J]．辽宁工学院学报（社会科学版），2005（4）：118—120．

一个学生都能在英语学习的过程中体会到乐趣和新鲜感，这不仅有助于提高学生的学习积极性，也缓解了学生的厌学情绪。高校的英语教学必须充分发挥学生的主体性。英语教学的开放性归根结底取决于学生的开放性。

二、设计激励型教学评价

英语课堂教学活动就是教师与学生之间的多边互动活动，互动中最重要的就是反馈，教学过程中的反馈就是教学评价，而教学评价作为课堂上师生交流的一种有效方式贯穿于课堂教学活动的始终。英语课堂教学评价主要包括教师对学生的评价；学生对教师课堂教学过程及效果的评价；通过学校组织的教师与教师之间的互评及学校组织的专门评价机构的评价。英语教学评价是一种过程控制、结果控制，通过这样的控制可以帮助教师对英语教学进行不断改进，并且可以帮助教师实现对英语教学的动态控制，以达到最佳的教学效果。设计激励中肯的教学评价对英语教学活动有重要的导向作用和激励作用，可以促进英语教学方法不断改进创新、教学理念更趋完善，从而有效地促进学生的全面发展。

（一）教学评价的意义

激励中肯的教学评价是一种肯定，一种激励，一种导向。英语教学过程是一个双向互动的过程，对应的教学评价也是一个双向作用的过程。一方面，教学评价重在激发学生学习英语的热情，让学生产生一种英语学习的自信与成就感；另一方面，教学评价有利于教师不断对自己的教学行为进行反思，不断地调整和改善自己的教学方法，提高教学水平。

1. 教学评价对于学生的积极影响

教学评价的目的是全面掌握并把控学生的学习进度及状况，激发学生的学习热情，通过激励中肯的评价来促进学生的全面发展与进步。对于学生的教学评价要关注每个学生的个体差异，并针对性地给出的中肯评价，这样对每个学生的个性成长及独特性形成都具有极其重要的积极意义的。在对学生进行其学习评价时，既要关注学生对于知识技能的学习与掌握情况，也要关注他们情感与意识的形成和发展，人性化的教学评价、中肯的激励态度往往会使学生的学习与发展产生自信与成就感；指出每个学生存在的问题，更容易使学生清楚地认识自我，然后在认识自我的基础上发展自我。课堂教学评价的根本目的是促进学生的发展。

英语教学评价也是促进学生主体性全面发展的评价。生态化英语教学评价不仅要关注学生的英语语言知识、文化的学业成绩，学生多方面的潜能也不容忽视。生态化英语教学评价明确了学生语言学习和个性发展中的需要，评价了学生在多元文化社会中认识自我的能力，考察了学生跨文化交际中的能力。生态化英语教学评价希望发挥评价的教育功能，促使学生在原有的英语学习水平上有所提升。

2．教学评价在教师层面的意义

在谈到教学评价时，传统的教学方法会把评价的矛头指向学生，学生的考试分数或者课堂的种种表现，是衡量教学活动的主要目标。但是，随着高校英语教学活动不断地进行改革和自我完善，教师的教授活动逐渐被纳入了教学评价体系中。这是教学领域的意识思维的变革，将会在实际教学管理过程中引起非常大的反响，更是教学改革赋予教学评价的一种积极的社会意义，将会激励教师在教学活动中明确目标。将教学活动的话语权充分转让给教师和学生，节约了两大群体间的摸黑探索的时间，真正做到了有目标、有计划、有方向、有策略地改进教学活动。[①] 学生通过教学评价合理表达自我诉求，教师通过教学评价明确教学方向，补足短板。可以说，教学评价工作对教师这个层面的意义更重要。

（1）激励中肯的英语教学评价具有导向作用，能够促进英语课堂教学改革

教学活动的参与方均是复杂的社会综合体。因此，要进行英语课堂的教学改革，关键不仅在人，还在于处理好活动双方的和谐平衡关系，而这种关系的变革，并不是谁占据支配地位这么简单。教学活动本质上也是一个生态系统，优胜劣汰的规则也完全适用于教学领域，不能适应和满足学生的课堂需求的教学是会被边缘化，并逐渐消失的。实施激励中肯的英语教学评价后，学生会在一个科学、合理的监管体系中完成学习，教师也可以实时观察学生的任何一种情绪、学习方式、思维的转变，并以此来调整教学计划和教学活动。改革没有完成时，只有进行时。高校英语教学的改革同样也不能停下前进的脚步，每一次教学模式的改革都是高校教学的一次自我完善和发展，对于身处其中的每一位教师和学生而言，都是一次进步和升华。

（2）激励中肯的英语课堂教学评价对教师具有激励作用，可以加强教师之间的相互交流

教学评价尤其是教师与教师之间的互评和学校相关机构的评价职能，能够有效地分析教师的英语教学状况和优缺点，而只有通过激励中肯的教学评价，才能

① 张智武．提升大学生就业与创业指导课教学实效的思考[J]．辽宁工学院学报（社会科学版），2005（4）：118—120．

让教师了解自己在英语教学实践中的优点、亮点、特点和弱点，这样才能有针对性地找到改进的方向。英语课堂教学评价是教师了解自己教学情况的关键途径。英语教学评价尤其是课堂教学评价可以通过教师相互之间的听课、评课活动来使不同风格的教师相互了解、互相学习，使其在这种教学评价中互相取长补短，在交流中促进所有教师的共同发展。

(3) 课堂教学评价是促进教师专业素质不断提高和发展的重要途径

对于一名英语教师而言，其英语专业素养是教学的基础，而课堂教学水平和能力则是做一个好英语教师必备的技能，所以除不断提高自己的英语专业素养之外，教师还要学会有效地提高自己的教学水平与能力。激励中肯的英语课堂教学评价体系正好可以为广大的英语教师提供一个更加全面、具体地了解自身教学状况的窗口，让教师明确地知道自己专业素养的不足及教学水平与能力的现状，让教师在未来的进步与发展中有更为明确的方向。

3. 教学评价对英语教育发展的意义

教学评价的过程其实就是一个收集英语教学普遍情况的过程。在一个完整的英语教学评价体系中，对于学生的教学评价可以反映出学生学习英语的真实情况；而对于教师的教学评价则可以反映出目前英语教师普遍的教学水平、教学方式和教学专业素养。这些从整个英语教学评价体系中收集来的信息，对于英语教育未来的发展是极具参考价值的。相关政府行政部门可以从庞大的教育评价信息中清楚地了解到英语教学目前的状况与存在的问题，从而针对存在的问题制定相关的政策法规，或者给出相关的指导意见，促进英语教育的不断发展。另外，对于整个的教育行业来说，教学评价数据也反映了教育行业的一个风向标，为未来的教育行业的发展提供了一定的指引。

（二）教学评价的对象与内容

教学评价是从各个方面对教师的课堂教学进行多角度的综合评价，是对教学效果的科学评估。要综合地对英语课堂教学进行评价，就要按照英语课堂教学的实际情况来设计教学评价体系，确定综合的、科学的评价对象与内容。在英语教学中，首先，确认的当然是教学目标，所以教学评价中首当其冲的也就是对教学目标的评价，即课堂教学目标的完成情况；其次，就是对课堂英语教学内容的评价，这就要考察教学内容是否符合教学目标，是否有助于教学目标的完成；最后，就是课堂教学的效果控制，即对教学效果的评价，教学完成是否达到预期的教学目标，学生是否收获了相应的英语知识内容并掌握了相关的能力。

1. 合理的教学目标定位评价

评价英语课堂教学目标，首先要看目标定位是否准确，英语教学目标定位不当，那么最终呈现出来的教学效果就差。评价英语课堂教学目标是否准确定位，应该从以下方面入手：教学目标是否符合英语教学课程基本要求；教学目标是否符合英语语言文化逻辑及价值观；教学目标是否符合学生接受知识的适应性与能力。教学目标的定位应突出英语学习的整体性和实用性，从知识、能力、情感态度、价值观这几方面进行全面评价。

2. 教学内容评价

教学评价在确定了科学合理的教学目标后，就需要对整个教学内容做评价。英语教学内容决定了教学最终的效果，并且决定了学生在课堂中最终学习和需要掌握的英语知识与能力，所以英语教学内容的设定也是极其重要的。首先，学生在不同的年龄阶段和智力发育阶段对于英语知识的接受能力是有客观限制的，所以教学内容的设定首当其冲的就是要符合学生学习水平与认知水平；其次，在正常的教学内容的基础上，还要考察教学内容是否有特点、是否有新意、是否有教学知识的思维拓展。英语课堂教学能向学生传递英语知识，这是最基础的要求；然而成功教学则在于课堂教学中对学生的思维拓展，授人以鱼不如授人以渔，最佳的教学应该是使学生掌握思维能力并得到学习思维的成长。

3. 教学效果评价——学生测验与反馈

对于英语教学的评价，最终的落脚点还是最终的教学效果。阶段性的教学，需要组织相应的测验，以考查学生在课堂教学某一阶段，是否达到了教学目标的要求，是否真正地收获了成长，一方面这是对学生的一次考评，同时学生的考评结果也将反映教师的教学成果；另一方面，在测评考察基础上，教师也要阶段性地组织学生对自己的教学进行评价反馈，这就是为学生提出学习需求而搭建的一个渠道，教师可以通过这样的反馈评价，了解到学生对于教学目标、教学内容、教学效果的意见反馈，从而根据学生的个性化需求，调整教学，为学生提供更加有效的教学。

（三）科学的教学评价机制

教学评价最应该关注的还是教师对学生的评价，在教师与学生共同参与的教学过程中，学生才是教学实施真正的核心，所以对学生的评价也是教学评价中的核心。大多数专业英语教师主要依靠期末考试来测试学生的英语学习水平，没有注重学生英语技能的提升，期末考试评分等级也相对简单，基本上以优秀、良好、及格、不及格四个等级来评价学生的英语学习成绩。[①] 教学评价在教学过程中是教师实时掌握学生学习状况、了解学生学习心理的重要手段，而教师评价带来的学生反馈也是促进学生发展的有效因素。教师评价尤其是激励中肯的评价，无疑可以提升学生的学习信心，激发学生的学习热情，激励学生奋发向上。课堂教学评价的根本目的是促进学生的全面发展。那么教师如何发挥教学评价的激励功能，促进学生素养的提高呢？下文将具体阐述。

1. 教学评价的时机

在教学过程中，教师要学会把握教学评价的时机。教师的评价不宜过早，教师在与学生进行交流或者听取学生反馈时，往往要充分了解到学生表达的内容才可以给出评价，否则给出的评价往往不能真正对学生起到激励作用，这就要求教师一定要学会倾听，这样才能对学生的反馈给出中肯的评价。对于教师给到学生的问题，学生即使回答错了，教师也不应立即给出否定评价，而应该在听完学生回答后，鼓励其他同学进行回答，进行不同思维的碰撞，只有通过这样的不同意见的争辩，学生的学习积极性才会提高。另外，教师的评价也不应该吝啬，对于该给出积极评价的时候，一定要及时，这样才能使学生进步。

2. 评价的语言要有艺术性

首先，评价语言要准确到位。任何不能真实反映评价的语言都是无用的评价，而言过其实是目前课堂教学评价语言的主要问题之一。现在的教师由于过于考虑学生的受挫能力，所以在对学生进行课堂教学评价时，往往不管学生对不对，都要对其提出表扬，这形成了一种统一模式的教学评价。这种言不由衷的教学评价不仅无法对学生起到激励作用，反而会导致许多负面效果，从而让学生无法认清自己的学习情况。评价的语言应准确得体，切合实际情况，对于学生的评价要有较强的针对性，不能随意对学生进行否定，也不能言不由衷、夸大其词。

其次，教学评价的语言要巧妙。在教师教学的过程中，常常会出现各种各样的情况和问题，教师的评价语言应该根据教育过程的发展随机应变，不能总是简单地以“是”“不是”“对”“不对”来评价。根据教学实际情况因势利导，循循善诱，引导学生回答问题并找出正确答案，让学生体会到探索问题的过程，并最终体验到成功的快乐，这样可以增强学生学习的信心，激发学生学习的兴趣。

最后，教学评价语言不仅要表达出正确的评价态度，还要富有感染力。“感人心者，莫先乎情。”对于同样一个“好”字，教师可以说得平淡如水，让学生

① 侯晓慧．基于互联网＋支架式教学模式在高职英语教学中的应用[J]. 濮阳职业技术学院学报，2023，36（2）：32–34.

无法感到真情实感；也可以说得满怀真诚与情感，让学生感受到教师发自内心的赞赏。教师的评价很大程度上影响着学生的学习情绪和学习情感，而情绪和情感往往是决定学生学习是否有积极性的内在力量，会直接影响学生的学习过程。因此，教师对学生的即时评价应该注重情感投入，在给出评价的时候不能敷衍了事，一定要真诚且富有情感，让学生真正地感受到教师对他的鼓励或者劝勉，从而发挥教学评价的激励功能。

3. 评价的方法要多样

课堂教学评价可以采取教师评价、学生自评、同学互评等方法。[①]

教师评价包括教师课堂即时评价、教师组织测验，即时评价是教师在课堂施教过程中，与学生的交流与互动中产生的对学生的评价；而教学测验则是目前学校最普遍使用的方式，包括学校组织的期中期末测验、教师组织的周练、月练。不论是即时评价还是教学测验，其目的都是一样的，都是为了帮助学生清楚地了解到自己的学习现状，并且通过激励中肯的评价来激发学生的学习热情。

学生自评就是教师指导学生根据学习目标和要求，对自己在课堂教学中的各种表现进行自我评价，如学生回答一个问题或自己完成练习后，独立进行思考、判断，想想自己在思考、回答和解决问题的过程中有哪些成功之处和不足之处，自己进行反思和评价，不断总结经验，吸取教训，掌握学习方法，提高素养。

同学互评主要是通过发挥同学之间的参照、激励和竞争作用，帮助学生查漏补缺，更好地学习对方的优势和强项，改进自己的短板和缺点，从而达到共同进步的目的。同学互评还可以促使教师和学生之间发现教育教学工作中存在的共性和个性问题，更好地提高教学效率和学习效率。同学之间的互评是一种灵活、机动、全面的评价方式，每个学生都可以从自身角度发现问题、分析问题和解决问题。在整个互评的过程中，学生的学习能力和教师的教学能力均能得到较大地提升。

4. 实施分层次评价

因材施教理念是全世界都认可的教学理念，它可以激发每个学生的学习优势和活力，更好地实现其个性化发展。同理，为了正确检验教学成果，在因材施教理念的贯彻实施下，检验评价教学活动也应该与多元化、多层次的评价相结合。每一个学生都是一个复杂的综合体，因此，在教学活动万万不可采取“一刀切”的做法，而衡量教学活动是否具有灵活和启智特点的方法，莫过于对每个学生进

---

① 吴文．英语教学生态模式研究[D]．重庆：西南大学，2012.

行综合评价。分层次地评价有助于让每个学生都成为教学活动的主体，保障每个学生的主体性地位，同时，身处分层次评价体系中的每个高校学生，都会感到自我的自尊心和学习的自信心受到尊重，这种效果是以前的任何一种教学评价方式都不可比拟的。对不同层次的学生进行评价的出发点和侧重点不同，但也正是因为分层次评价尊重学生的个体差异性，才使得这种评价体系更为客观和实际。在保障有效的教学实践活动落实的同时，完善和贯彻分层次评价体系能够指明未来高校英语教学模式的发展方向和目标，保证越来越多的高校学生从教学活动中受益。

第三节　优化教师培养机制，创新英语教材编写体系

一、优化教师培养机制

教师是培养人才的关键，建设一支优秀的教师队伍，能够使高校英语教学在教育理念、教学内容、教学方式上进行创新，充分发挥教师的引导、示范作用，提高人才培养的质量。目前我国各大高校已经聚集了一批优秀的英语教师人才，但是人才资源分布不均和流动较少导致各高校英语教师水平存在差异。建设一支高水准的教师队伍需要高校立足于当前现有的资源，在确立选拔培养原则的基础上构筑多元的选拔方式，建立良性的师资交流与培养机制，培育一支高素质的创新型教师队伍，使其具有一定的影响力。高校还可以加强与其他高校之间的合作，通过人才交流来提高高校英语教学的整体水平。

（一）确立选拔培养的原则

教师的选拔和培养是一个长期和动态的过程，此项工作的进行只有遵循一定的原则，才能保证其科学性、合理性，塑造出高素质的教师队伍。高校英语教师由于其学科的特殊性，在选拔培养过程中，除需要遵循所有教师选拔培养的原则外，还有其他几项专门的原则要求，主要表现在以下几个方面。

1.德才兼备原则

德才兼备原则是指高校教师在选拔中要注重对教师德行的考察，在培养中要加强德育课程的专项学习。选拔的教师除需要具备过硬的专业知识技能外，更需要高尚的道德情操，因为道德素质对教育更重要。高校是向社会输送高素质人才

的大本营，高校教师的引导、示范对学生人格的形成具有很大的影响，学高为师，身正为范。高校教师选拔中的“德”是指崇高的理想信念、正直的为人、良好的作风等方面，才能突出的人有很多，但不是每个人都能做好一名教师。良好的品德具有号召力，能够通过自己的力量去影响身边的人，而英语教师又具有其特殊性，英语教师是民族文化与国际文化交流的传递者，英语教师高尚的品德对民族文化的传播同样具有积极的作用。另外，高校在培养教师过程中，要注重教师道德品质方面。因此，高校在选拔培养教师中，首先应该确立德才兼备的原则，“德”与“才”两方面都不可偏废。

2. 递进式原则

递进式原则是指要根据各教师的实际水平采取不完全相同的培养方式和手段进行阶梯式培养和差异性培养。各个教师之间由于教学方式、学习经历、教学经验等多方面的不同，个人素质存在着差别。因材施教在教师培养中同样适用，高校应该根据教师不同的优劣势制订专项培养计划，在培养中要体现一定的差异性与层次性，不同教师培养的目标、要求、方式都各不相同。同一教师在不同阶段也要根据实际情况制订不同的培养方案。高校教师需要同时具备科研能力与教学能力，如果高校缺少课题研究能力强、科研水平高的教师，在选拔中就要着重考核应聘教师的科研成果和科研项目参加情况；在培养过程中，为教师团队争取更多的科研项目，通过合作提升教师的科研水平。如果高校需要教学能力高、教学方式新颖的教师，在选拔中就要注重考查教师的备课水平、授课方式、课堂教学过程设置合理性等方面的内容；在培养过程中，要通过优秀教师的专题讲座进行教师培训，或者定期开展教师技能大赛，利用教师之间互相听课与研讨等方式来提高教师的教学水平。

3. 开放性原则

开放性原则是指在教师选拔培养过程中，高校要以开放性、包容性的态度广泛吸纳各个领域的优秀人才。高校英语的教学目标与其余学科及中学阶段英语教学不一致，教师素质要求也不同，教师需要具备极强的语法、词汇等基础知识，也需要具备流利的口语、丰厚的国外文化底蕴。高校的英语教师分为英语专业的教师和其他专业的英语教师，英语专业的教师要学习更深层次的英语技能，如英语听力、阅读、写作的能力，通过获得强大的词汇量来成为专门用途英语语言应用人才。其他专业的英语教师则要在完成基础教学的基础上，结合本专业的知识，教授学生自身专业方面的专有名词等专业知识，辅助学生查阅外文文献、外文出版图书，提高其专业知识水平。因此，在高校英语教师选拔培养过程中，要秉承开放性原则，吸纳除优秀英语专业毕业生之外的其他专业毕业的英语水平较高的教师。

4. 平等竞争原则

平等竞争原则是指在选拔培养中，高校要做到平等、公开、公正、举贤任能，这样既能提高师资力量，又能鼓励其他教师不断进取。平等竞争原则一是要求高校选拔培养教师的方案要透明，公开选拔培养的要求与标准，使每一个竞争者都能得到均等的机会。二是要求高校制定统一科学的选拔标准，根据学科发展和学校实际情况，认清短板，找到学校需要何种人才资源，制定合理科学的统一标准，并以此为教师选拔培养的衡量标准，所有竞争者都要严格按照这一标准接受考核。三是要求高校严格遵守选拔培养程序，通过预设的工作程序开展选拔培养工作，不允许任何人私自更改程序，同时要建立监督平台，对违反规定的个人进行一定的惩罚，对确实优秀且符合标准的教师给予一定的奖励，保证选拔培养的公平正义。通过公平公正的选拔培养，能够提高高校教师群体的整体水平，同时作为一项激励机制，鼓励其他教师自觉主动地提高自身水平，有利于达到学校选拔培养的目标。①

（二）构筑多元化的选拔方式

高校教师的选拔方式与途径影响选拔的质量，我国目前高校选拔教师方式主要是从各高校的优秀博士生之间进行公开招聘与选任，也部分引入了客座教授等编外教师进行教学活动。这样的选拔方式在一定程度上活跃了学术氛围，促进了教师间的学术交流，但是选拔中的硬性条件过多在一定程度上阻碍了优秀人才的引进，高校在选拔英语教师时要采用灵活、多元化的选拔方式。

1. 推动高校英语师资社会化

我国高校现行的用人制度存在一些问题，具体表现在无法调动全社会的资源进行师资配置方面，这在一定程度上导致了师资分配不均，尤其是英语教师资源，一些发达地区优秀教师资源密集，并且能吸引很多优秀的国外教师，这就导致这些地区存在资源浪费现象，而另一部分地区教师资源短缺匮乏。高校采用的长期固定聘用制，使高校的师资被固定在某一水平，不能很好地由市场进行调节，在一定程度上不利于教学科研水平的提高与知识结构的改善。高校应该借鉴国外发达国家教师选拔的灵活方式，推动高校英语师资的社会化。

为实现高校英语师资的社会化，可以在选拔过程中注意以下几个问题，一是

① 高杰．高校英语教学师资队伍建设研究[J]. 教育与职业 .2015（34）：71-73.

全国各高校统一进行聘用教师制度改革，彻底实现全国高校英语教师的社会化，建立起劳动力市场，解决教师资源分布不均问题。聘用教师制度改革的基本思路是建立统一的教师数据库，由教师统一持相关证件，包括学历证明、学位证明或其他资料在特级教师资质管理中心统一注册备案，各高校根据需求在人才数据库中进行选任招聘。二是要吸纳机关、企事业单位等其他各行各业的精英，设立专门的教师数据库，以兼职的方式吸纳教师到高校任教。三是对优秀教师设立终身荣誉称号，用于激励与稳定人才。

2. 采用灵活编制吸纳人才

高校的英语教师大部分是高校优秀博士毕业生，这类教师拥有着丰富的理论知识和出色的科研能力，但是英语作为应用类学科需要教师能够敏锐地捕捉到社会的需求，根据社会需求对授课内容做出相应的调整。因此，高校在选拔教师的过程中要有意识地推动师资的社会化，招聘有大量英语运用经验的人进入课堂，向学生讲授在社会上真正能用到的英语知识，提高学生适应社会的能力，以避免学生与社会脱节。

高校大多采用长期聘用制的方式与教师签订长期劳动合同，并提供丰厚的其他福利，以此来吸引人才。这样的方式有利有弊，有利的一方面在于高校的工作环境比较单纯，利于教师进行科研，不利的一面在于长期的聘用与限制阻碍了一批应用型人才的发展。多样化的师资要求高校英语教师要运用其丰富的实践经验来提高学生学习内容的针对性和趣味性，然而可以提供这样教学的人才往往不希望长时间局限于高校内，恰恰高校签订的就业合同就是要求教师能够全身心投入教学中，最好不从事其他的工作，这样的规定使部分优秀人员望而却步。因此，高校要采用灵活的教师聘用制度，根据所需要的师资与人才灵活签订聘用合同，采用长期聘用、固定期限聘用、无固定期限聘用的灵活聘用方式吸引人才。同时，高校需要根据英语专业中需要开展的项目，聘用专门的项目指导教师，最大化地发挥师资力量，为教师招聘提供新思路。

（三）建设良性的培养机制

教师需要在工作中不断进步与提升，高校英语教师专业素质的提高需要教师自身、学校和社会各层面的努力。结合英语教师的特点来看，教师需要从知识结构、教学技能、现代技术使用几个方面提升自身素质；学校应从培训、考核、奖惩等方面加强对高校英语教师的培养与激励；社会应从尊重、认同、支持层面上做好教师培养的保障工作。

1. 教师自我提升素质

学无止境，教师要树立终身学习的观念，不断提高自身素质和专业水平以避免被淘汰。在自我提升的过程中，一方面，高校英语教师要积极主动深入学习英语知识结构各项内容，根据学生素质和水平对英语知识结构进行合理的规划。同时要不断拓宽自己的知识面，掌握除英语专业知识以外其他专业的知识，丰富课堂教学内容。另一方面，随着科学技术的快速发展，高校英语教学对教师使用高科技设备的技能提出了更高的新要求，要求教师能够熟练运用新媒体传播信息的优势向学生提供更全面的学习资源，充分利用好多媒体、网络等技术，更好地为教学服务。除此之外，教师要学会取长补短，加强与其他教师之间的交流合作，吸取其他教师在教学中的优点，创新授课方式，激发学生学习的兴趣。①

2. 学校完善培养方案

高校作为教师的工作场所，需要向教师提供提升自我的平台，做好教师培养工作。高校要制订合理的培养计划，对所有的教师资源进行评价，制订详细的教师培养方案，对教师进行定期的培养，并针对每位教师紧缺的技能进行专项强化，做好校内培训、校外交流等工作，着力提高在校教师的教学水平。

（1）开展校内培训

校内培训是指高校充分利用在校教师资源，让日常教学成绩突出的优秀教师在全校组织讲座交流，传授教学经验，做到资源共享。在同一高校中也存在着能力不同的教师，教师在教学、科研等不同方面的能力存在差异，有的教师具有良好的科研水平，但教学能力一般；有的教师教学能力一流，但科研能力有一定的欠缺。学校要充分利用本校优秀资源进行互帮互助，这样既能节省时间又能节省开支，还能不断地提高教师水平。学校既可以邀请校内优秀教师组织专题讲座与其他教师交流经验，也可以邀请校外人才，聘请专家、专业型人才为教师讲解相关知识，提高教师专业水平。

（2）基于大数据背景优化教师队伍

信息化背景下，知识的快速更新和传播为教师教学提供了数据支持，为教师教学提供了更多的资源，也为教师教学创设了更为先进的教学方式和设备。教师利用好大数据下的教学资源可以起到事半功倍的教学效果。高校有一大批老教授使用电子设备的能力欠缺，又没有专门的人对他们进行培训指导，因此他们不会使用现有的如网上课程、PPT 制作、直播课程等新的方式进行授课。高校应组织

① 伦淑新．高校英语教师培养机制研究 [J]．中国成人教育．2015（19）：109-111．

专业人员对这类教师进行专门培训，使其掌握线上教育的基本方法，使用线上线下相结合的方式开展教学活动，有利于营造人人学英语的良好学习氛围。

(3) 制订全面的考核评价标准

高校对英语教师的考评是对教师阶段性工作进行的检查与反馈。一个优秀的考评体系，不仅能反映出教师阶段性教学中出现的问题，还能激发教师的工作热情，营造积极的工作氛围，对提升高校英语教学水平具有重要的意义。健全的考核机制应具有公开的考核标准与透明的考核程序，这样一来，高校便可以通过考核对高校英语教师某一阶段的工作进行评价排名。在考评出结果后，高校对成绩优秀的英语教师要进行奖励并安排讲座进行交流，而对排名靠后的教师则要为其安排更多地听课和其他的培训锻炼机会。对高校英语教师的考核一方面要突出英语教学的成果，另一方面要重视英语教师工作量的横向比较。不能机械地对教学质量进行评价，要重视对教师能力培养的效果。

3. 社会做好支持保障工作

在高校英语教师的培养过程中，除教师自身做出努力、学校提供机会外，社会也应做好支持与保障工作。高校英语教师作为高素质专业型人才，国家应该投入更多的资金用于英语教师培养和相关课题研究，同时也要提高教师的工资水平和社会福利保障。政府应加大投资力度，支持、鼓励高校英语教师出国访问和深造学习，学习先进的知识用来教学。此外，社会应给予高校英语教师更多的尊重与认同，提高英语教师的职业荣誉感，激发其教学热情，使其更好地投身教学事业中去。

（四）构建教师学习共同体

教师共同体是当今高校教师教学学术发展的一种新形式，高校英语教师建立学习共同体可以加强各高校专业英语教师、各专业英语教师之间的交流合作，从而提高教师整体水平。高校英语教师学习共同体的建立需要从选拔学科带头人和成员两步进行。[①]

1. 选拔高校英语学科带头人

高校英语学科带头人是高校英语教师队伍的中坚力量，代表着高校英语教师的最高水平，除要承担教学责任外，还应具有管理、协调组织各方面的能力。一个好的学科带头人能够逐步提高整体教师的教学水平，是高校学科建设工作的重中之重。高校英语教师学科带头人的选拔要在带头人个人学术高水平的基础上，

① 王静姝．当前高校英语教育师资培养策略[J]. 当代教育实践与教学研究 .2017（12）：151.

立足于整个学术梯队的结构进行。学校要根据英语学科的实际情况，选拔既具有牢固英语知识基础和丰富教学经验，又具有管理组织才能的英语教师作为高校英语学科带头人。在英语学科带头人的带领下，高校应加强人才的输入与输出，组织多类型的培养活动和科研项目，要以高校英语学科带头人为牵头人，带动整体的教学水平，使人才培养质量上一个新台阶。除了要在高校英语教师中进行选拔，还要注重青年优秀教师学科带头人的培养。青年教师是学科建设的主力军与后备队，高校要加大对此类教师的培养扶持力度，为他们创造施展才华的机会与平台。高校英语学科带头人的选拔培养是构建高校英语教师共同体的基础，在高校英语教师学科带头人的带领下，共同探索教师共同体的建立。①

2. 选拔高校英语教师共同体成员

英语教师共同体成员的选拔与组织是构建高校教师教学共同体的关键一环，通过合理、科学的方式构建高校英语教师共同体，组织研讨会或其他类型的学术交流与教学互动，能够使高校内英语教师相互促进、共同提高。对英语教师共同体成员的选拔与组织方式为，由英语学科带头人设定一定的主题，在高校教师管理平台上公布此类信息，由不同专业的、有兴趣的教师积极报名，根据学科间的平衡要求和教师之间不同的经验、性别等来组建高校英语教师共同体。在这一共同体内，各专业教师之间互相配合，就如何开展教学活动、如何创新教学方式、如何更好实现教学目标进行交流研讨，这有利于提高整体英语教师的教学水平。

二、创新英语教材编写体系

国家发展战略对大学生英语能力提出了更高的要求，要求高等学校要培养具有扎实的英语语言基础和广博的文化知识，并能熟练运用英语在外交、教育、经贸、文化、科技、军事等部门从事翻译、教学、管理、研究等工作的复合型英语人才。英语教材是教学与学习的基础，英语教材定义有广义和狭义之分，广义上的英语教材是指所有可以提供英语知识的资料，狭义上的英语教材仅指由教育部统一编写的、各个高校普遍适用的英语教科书。我国历来重视教材的编写和设计，旨在通过教材构筑英语教学的基础，使其广泛服务于高校英语教学。我国把“人才强国”定位为我国面对现代化建设与国际化发展潮流的重要战略，希望通过人才的培养来提高国家的软实力。优秀的英语教材应该是与时俱进的，这样一来，

① 原霞．教师学习共同体：高校教师教学学术发展的一种新范式[J]．福建师范大学学报（哲学社会科学版），2012（1）：156—161．

高校就可以通过教材的使用来培养具有综合素质的英语应用型人才。为了适应经济快速发展带来的人才需求，高校英语教材在编写上要下足功夫，考虑多方面的因素，在教学大纲的基础上，高度契合新的教学目标。[①]

（一）建立英语教材编写基本原则

英语教材的编写需要融合教育学、语言学、社会学、心理学等多种学科的知识。编写出既具有知识性又具有教育性，还符合学生心理需求的教材，是高校英语教学的第一步。编写教材要在一定的原则指导下进行，要充分考虑社会需求和受教学生心理等多种因素，达到教材编写的科学性与合理性的统一。

1．以教学大纲为依据

各个学科在教材编写之前都会由教育部门联合优秀教师团队研制教学大纲，制订出教学大纲之后，各省各部门会结合教育部统一的教学大纲与本省本地区的实际情况，对教材进行详细的编写，包括章节的设置、具体内容的选择、教学目标、教学重难点等，英语教材的编写也不例外。我国目前的英语教学大纲由高等学校外语专业教学指导委员会制订，包括培养目标、课程设置等方面的内容；该委员会详细对其每一部分进行了规范和指导，还提供了一些参考阅读的书目。教学大纲对教材编写的作用就像国家宪法对其他法律制定的作用一样，能为教材编写提供指导。教材编写要以教学大纲为依据，在教材的编写体系中必须体现一种或若干种教学理论体系或教学方法，使教学大纲规定的教学目标、内容和要求在教材中得到充分的体现。因此，英语教材的编写首先要遵循以教学大纲为依据的原则。

2．以实际需求为基础

依照教学大纲编写教材是教材编写的基本原则，但在教学大纲的基础上编写的教材也要充分适应使用者的需求，要根据不同情况做出不同的调整。教育部在制订教学大纲时肯定已经对目前高校英语教学的实际情况进行了大量的调研分析，教学大纲已经具备了很强的科学性，但是在具体的使用中，不同地区与不同类型的高校还是存在很大的差异的，大纲体现的普遍适用性无法满足不同地区、不同群体、不同阶段学生的需求。目前全国所有的高校使用的基本是同一套英语教材，这其实是不够合理的。为此，负责编写教材的部门和学者团体要进行有针对性地实地调研与分析，就某一群体展开专门的调查，在充分掌握不同学生群体的基础上，编写具有针对性的英语教材。

---

① 陶丽，王腊宝．新一代大学英语教材的需求分析与反思[J]．外语学刊，2013（6）：109—113．

在编写教材之前，首先，负责编写教材的部门和学者团体要确定受众对象，在确定受众群体的基础上进行充分、全面地调研。其次，在调查采样中，负责编写教材的部门和学者团体要注意采样的多样性，不能仅仅局限于在校大学生，在校学生对即将要学习的课程虽然具有一定的期待和想法，但是一般对所学内容比较被动与茫然，在没有社会实践的基础上，无法获知社会需要掌握什么知识的人才，自身需要习得怎样的技能。调研应该在在校学生之外，在高校毕业生之间进行，毕业生对教材内容的编排最具有发言权，在真正使用过教材之后，可以对教材内容的合理性做出相应的判断，同时，毕业之后的工作经验也可以验证教材内容对其实际应用能力的提升作用。教师也是教材的使用者，在编写之前的调研同样要包括教师部分，要结合教师使用教材过程中的体验，检验教材编写的适用性。如果条件允许，调查群体也要适当涉及各用人单位。编写教材如果只是包含晦涩而实际工作中使用率极低的知识，那便违反了教学的初衷，学生学到的知识只有进行转化才能发挥作用，用人单位的意见与建议可以用来完善教材编写中的不足。因此，教材编写要以实际需求为基础，经过充分调查、严谨分析后，就可确定教材的受众、编写理念、指导思想、原则、教材的内容、教学方法和手段、教材的定位（起点、过程和终点）、教材的种类等。

3. 以人为本，注重人格塑造

高校英语教材内容主要是为实现人才培养的目标而服务的，优秀的人才不仅需要扎实的基础知识还需要健全的人格，高校英语教材编写中要渗透以人为本的理念，注重学生人格的塑造。新时代对高校英语专业与非英语专业的人才培养设置了不同的目标，高校英语专业人才要具有扎实的基本功、宽广的知识面、一定的相关专业知识、较强的能力和较高的素质；非英语专业人才要具有较强的阅读能力和一定的听、说、写、译能力，并能用英语交流信息。教材的编写要依据各自的教学目标进行，服务于教学人才培养目标。高校英语教学课程要求英语的教学目标是要培养学生的英语综合应用能力，增强其自主学习能力，提高其综合文化素养，以适应我国社会发展和国际交流的需要。英语作为基础学科，是各专业、各行业人才都需要掌握的基本功，英语人才要具备扎实的英语基本功、较强的听说读写能力、较高的英语素质，英语教材编写要符合这些要求。英语教材可以为学生提供语言知识、技能、文化等基本知识，但英语教材编写最主要的是要关注学生的健康发展和健全人格的养成、塑造，要将对学生综合素质的开发放在突出位置。高校英语作为一门课程，其教材编写除了内容深度、知识面广度、课程设置数量之外，还要将教材编写理论的研究与实践纳入其中，必须将人的发展放在首位，一切围绕着培养个人综合素质、塑造个人高尚人格、开发个人智力进行。

（二）融入思辨能力培养内容

近几十年来，学生思辨能力的培养在西方国家受到了高度重视，我国也逐渐意识到了培养学生思辨能力的重要性，并将其设立为国家教育长期发展的战略性任务。培养学生思辨能力是提高学生其他各项能力的基础，更能进一步提高高校学生整体素质，推动国家教育事业的发展。汉语与英语的表达方式和语法存在很大的不同，为了能更好地掌握英语技能，我国高校英语教学过于重视对学生语言技能的训练，往往对学生其他能力要求较低，更谈不上对其思辨能力的培养，造成了高校学生思辨能力的欠缺。我国各教育学者已经逐渐发现此类问题，对加强学生思辨能力培养的重要性达成了共识，但是改革进度的缓慢、思想的禁锢再加上各部分深层次改革的难度较高，使得英语专业学生“思辨能力欠缺”的现象仍未得到有效的改变。鉴于此，我国学者也多次发出呼吁，呼吁在教学中加入思辨能力培养因素，对教材编写进行深层次的全面改革。研究英语课堂教学环境中学生思辨能力培养路径，揭示聚焦思辨能力的英语课堂教学生成因素，对创构顺应学生思辨能力养成的学习模式具有重要意义。①

1. 合理选择话题与材料

合理的选题与材料选择可以激发学生的学习兴趣和自主探究的能力，合理的选题要求具有新颖性和真实性。一方面，主题的新颖性可以激发学生的兴趣，选择有争议性的话题，对学生的认知提出了更高的要求，学生必须通过积极地思考来对现象进行鉴别、评价与分析，在这个过程中能够培养学生的思辨能力；而后对不同学生分析得出的不同结论进行讨论，积极讨论的过程培养了学生倾听、总结、多维角度分析问题的思辨思维。另一方面，材料的选择需要具有真实性，真实的材料运用在课堂中可以使教学内容更具有说服力，增强学生的心理认同感。在编写内容方面要从新闻、杂志甚至小说中进行甄选，选择能更好地体现英语在生活中应用的内容。英语作为一门语言学学科，学习语言主要是为了日常运用，从学习语言角度看，只有学习并阅读真实的材料，才能使学生获得情感认同，激发其学习热情，使学生感到书本知识直接运用于实践的成就感，将学习状态调整到最佳，促进其英语知识的学习吸收。从培养思辨能力角度看，学习动机是提高学习主动性，激励学生积极思考问题的关键，能培养学生发现问题、解决问题的

① 徐锦芬，朱茜，杨萌．德国英语教材思辨能力的体现及对我国英语专业教材编写的启示[J]．外语教学，2015，36（6）：44—48.

能力。培养学生思辨能力真正意义上的目的是提高学生学以致用、独立思考、全面发现问题、分析问题的能力，而将真实性材料用于课堂教学有利于学生将课堂思辨能力训练的效果迁移到现实情境中。具体到每个章节材料的选择，要注意选材的多角度性，选择不同角度、不同主题与题材的材料，在拓宽学生知识面的同时也锻炼了学生从不同的角度甚至对立面思考、讨论话题的能力，能够提高学生思考问题的广度和灵活性。

2. 精心设置教学任务

精心设置任务是利用教材培养学生思辨能力最主要的手段，任务设置的策略决定着教学的进度、着重程度和学生对内容的掌握情况，以及对学生能力的培养方向。培养学生思辨能力的教学任务设置需要体现批判性和连续性、多样性和整体性。批判性英语阅读材料，大多为表达不同观点的文章，一方面具有更丰富的词汇量，另一方面还为读者提供了更多的思考空间。此类文本要求读者在疏通文义的基础上进一步分析作者的观点是否准确，或者分析两种观点哪种更合理，深入分析、推测作者的真实意图和立场，对文中不同观点的合理性做出判断，并对学生使用口头或书面的方式进行专项训练。这一系列学生的学习过程包含了对词汇量的积累、对英语文本的文义理解、对文中观点的深入分析与判断、对文中表达方式的应用等多方面的技能训练；要求学生具备技能的同时也要求学生有不畏权威的质疑精神，能够以包容的、积极开放的态度对文本进行深层次的研读，并能依据所习得的技能进行表达与陈述。

除批判性阅读材料、多种类型话题材料以外，任务设置还要包括教学方式手段、课堂组织形式的多样化设计。教材提供的教学任务目标需要配套的教学方式来辅助完成，根据不同的教学目标应安排不同的课堂形式。教材中应该明确采取何种学习形式能更好地完成学习目标，如陌生单词的熟悉、文意的疏通都要求学生单独完成，主题解读与不同观点的陈述则需要学生组成小组进行讨论，互相分配任务，合作完成。此外，课堂教学任务完成的先后顺序也需要教师进行合理安排，需要从简单到难、从浅层次到深层次阅读，任务的先后顺序要符合从理解文本内容的低级思维技能逐步过渡到综合运用多种高级思维技能的思维训练过程，这一过程也体现了语言学习从理解到可控输出，最终再到真实的交际互动过程。任务设置的整体性有利于促进学生思辨能力的发展，因为完成整体性的任务比接受思辨技能分项训练更有利于提高他们在生活中综合运用各种认知技能解决复杂问题的灵活性。在教材中，每个话题的任务都能组成一个整体，体现发现问题、提出问题、分析问题与解决问题的全过程。

（三）加入传统民族文化因素

语言是文化的载体，传统文化是一个民族生存的根本，中国传统文化灿烂丰富，英语教学作为连接传统文化与西方文化的纽带，更应承担起传承中华文化的重任。英语教材编写本身就是在英语语言背景下展开的，知识中无不渗透着英美传统文化，在这样的环境熏陶下，往往会使学生忽略我国优秀传统文化，进而造成严重的“中国文化失语”。在高校英语教材中加入传统民族文化因素可以提高学生的跨文化交际能力，进而提高国家的文化软实力和国际影响力。英语教材主要分为精读教材与阅读课本两种，精读教材需要对语法、词汇等方面进行详细介绍与讲解，阅读教材侧重点在于课外阅读延伸。

1. 设置介绍传统文化专题章节

中国汉语的表达方式与英语表达方式存在巨大的差异，传统文化凝聚了民族的历史，集中体现了汉语表达的独特性；要想让中华优秀传统文化走出国门就需要对这些特有产物进行完美的转化，而英语恰恰是国际通用的语言，使用英语表达更能提高中国传统文化的世界影响力。目前我国已经意识到了文化传播的重要性，在各类考试中也加入了对传统文化英语表达的考察，如考试的翻译题型多次涉及民族文化，包括陶瓷、酒、剪纸艺术等。但是在教材设置中还是很少出现此类专题训练，导致学生在考试中觉得话题陌生无从下手，没有相对应的知识储备，这会造成很多的翻译笑话。因此，有必要在教材中着重加强对传统文化专题内容的设置，在日常教学活动中讲授传统文化英语表达方式，这样既能增强学生民族荣誉感，又能从多层面了解中国传统文化。①

现在高校使用的英语教材的各个单元的内容主要是介绍西方的风土人情、习俗与观念等，对中国传统文化的介绍内容较少，导致学生在学习过程中无法获知传统文化，缺少将传统文化进行英文转化的机会。在教材全新编写过程中，要侧重于对传统文化专题章节的设置，在教材中要增加中国传统文化的内容，做到中西文化相结合。具体内容选择中要注意以下几方面，一是要挑选广为人知的、具有厚重历史感的传统文化设置专章模块，进行精读，对文章的字句进行详细分析讲述，对文章中涉及的专有名词进行特别标注与积累，丰富学生在传统文化翻译学习过程中的基础词汇量。二是不同地区高校要加入本土文化内容，通过加入本地的历史、经济、旅游等方面的内容，将本地文化渗透在课本中，加深学生对当

① 罗玲．在大学外语教学中有机融入中华优秀传统文化[J]．中国高等教育，2015（21）：51—53．

地文化的了解，使其在交流中可以通过流利的英文表达宣传当地的文化，提高该地区在全国甚至全世界的文化影响力。

2. 编写介绍传统文化的课外阅读教材

主要教材的使用作用发挥需要阅读教材的辅助与巩固，课上精读教材的内容有限，无法使各种文化都有机会编入其中，因此需要阅读教材来拓宽学生的视野。中国传统文化博大精深，不可能以一门开设时间有限的课程来完成传承与弘扬。英语阅读教材具有教学要求较低、篇目设置无需整齐划一、具有更大的包容性等特点。因此，教材编写机构与负责人员要广泛收集优秀的介绍传统文化的英语作品，收录整理形成数据库，在教材编写中选择不同种类进行排序分类，出版系列阅读教材，在高校进行发散教学，并设置专门的读书交流课程，由学生在课上进行相互交流与文章推荐，提高学生自主阅读的积极性。在互联网技术不断发展的背景下，电子书籍应运而生，学生可以通过上网收集、获取信息，信息传播的速度与广度影响了知识的受欢迎程度。因此，相关部门要在传统纸质教材编写的同时做好电子教材编写工作，将电子教材进行广泛的传播。

教材中加入中国传统文化因素，可以使学生在学习中不自觉地与所学西方文化进行相应的比较，从中探寻挖掘中国传统文化元素，培养学生的自主探究能力和发现问题能力。加入中国传统文化因素的高校英语教材可以引导学生发现中西方文化的不同或相似的内容，发现本土文化的优势，培养其民族文化自豪感，帮助学生开阔视野，进而使其具备多元的文化价值观念，树立出尊重不同文化的观念，真正做到多学博见，和而不同。

（四）构建多模块、多层次立体教材体系

高校阶段是培养国际化创新型英语人才的关键阶段，大学生已经经历了小学、中学的基础教育，掌握了英语基础知识、学习方法。在这一阶段，学生接受能力较强，完全可以按照国际化创新型英语人才培养的要求来设置全新的教材体系，从而为培养创新型应用英语人才提供支持。

1. 革新培养目标

我国目前设置的高校英语教学大纲将高校学生英语课程学习分为专业技能、专业知识和相关专业知识三个层次。专业技能培养要求对学生基础英语技能进行单项的培训，如设置专门的读写教材、听力教材、写作教材、口语教材等，通过不同权重的课程设置来对这些基本技能进行专项训练；专业知识层面则较专业技能有更高的要求，需要学生在获得基本技能的基础上，达到更高层次的语言、文

学、文化层面的要求；相关专业知识是指其他专业的有关自身专业的英语知识的学习，如有关法律、医学、会计等各专业需要掌握的专业英语知识。大纲还对各个阶段需要掌握何种知识进行安排，强调在高校一二年级基础阶段要着重于基础课程的设置，需要的教材也是基本的基础英语读写教材和听力教材。在高校三四年级随着专业课程的开展和学生接受知识水平的提高，在已经打好其英语基本功的基础上，加深对英语文化的渗透和专业英语课程的设置，用来进一步扩大学生的知识面，增强其文化差异敏感性，提高学生思辨能力，提高其对语言的运用能力和综合运用英语进行交际的水平。

为提高我国文化软实力，培养国际化创新型英语人才，使学生适应不断变化的国际环境，仅仅依靠目前我国教学大纲进行教材编写是远远不够的。高校英语教学不同于中学阶段的基础教育，扎实的英语语言功底培养应下放至中学阶段，高校阶段要输出更高层次的高素质人才，因此，需要加大对学生跨文化沟通能力、创新能力的训练力度。目前高校阶段的英语教材主要分为读写教程、听力教程两部分，读写教程还有相应配备的练习教材，这样的教材设置基本与中学教材设置一致，培养目标仍然停留在基础知识层面。高校阶段的英语学习目标应该做出改变，根据培养目标对教材编写进行调整，加大课外阅读教材的出版量，从而实现与中学阶段的有效衔接，使人才培养“一条龙”体系发挥功效。

英语学科属于人文学科，高校学生可以通过英语学习成为集交流、翻译、写作、创作等技能于一身的拔尖人才和领军人物，学过高校英语知识的高校毕业生，能够在国际平台上参与学术交流与文化交流，代表中国发声。为实现培养国际化创新型人才的目标，在教材编写这一环中需要做到的就是，革新教学大纲的培养目标，根据教学大纲进行教材编写工作，为构建全方位的教材体系打下基础。

2. 建设全方位教材体系

我国近几十年加强了义务教育阶段与高中教育阶段的英语教学，大多学生基本接受的是双语教学，长达十几年的英语学习为学生的词汇量积累、交流、写作打下了坚固的基础，因此对高校学生的英语培养应更多放在专业知识的学习中，侧重点在文化交流、独立思考、文化创新上；在教材设置中体现在缩短现在高校英语统一使用教材中读写教材的内容，减少对基本技能的特别训练上；当然，相应的缩减也不是一味地摒弃，只是要提高基础知识的要求，优化教材质量。如何建设全方位的教材体系，适应随着社会需求而不断革新的教学大纲，笔者建议实施“语言中心”教材模式，为学生提供短期强化的学术英语听、说、读、写等技能训练。学生应根据自己的实际情况选择课程，通过提升专业技能夯实基本功，为进行专业学习打下基础。

“语言中心”教材模式的设计可以借鉴西方发达国家的语言课程教材体系，把重点放在学生科研能力、文化交流能力的提升上，使受过高校教育的毕业生具备一定的学术能力，能够无障碍地阅读本专业的外文文献，提取文献中的主要观点，根据外文文献中的观点进行创新，促进我国相关领域的发展，吸纳优秀的文化为我所用。为锻炼学生进行深层次学术交流的能力，具体而言，可以从以下几方面革新现有的教材品种。

（1）学术英语听力教材

人文学科的高校毕业生都需要撰写毕业论文，参加学术讲座；在撰写毕业论文的过程中，学生不免要进行资料的收集，而外文文献则是学生主要的资料收集来源。因此，如果学生具有良好的英语水平，在参考外文文献时便具有极强的优势。配套教材的内容主要选择各类学术活动的听力内容，可覆盖语言学、商务、市场、心理、经济等领域。学术英语听力教学不同于中学阶段以日常生活为主要内容的听力教学，语料要求真实，内容长度增加，教学活动设计、学术词汇选择、讲座模式等方面逐渐向培养学生高端学术活动能力要求过渡。

（2）学术英语口语教材

此类教材主要目的是培养学生参与学术活动的表达能力；教材内容主题较为宽泛，可涉及健康、环境、媒体、网络等；教学活动设计注重培养学生参与学术讨论、发表观点并从不同角度支持自己观点的能力。

（3）学术英语阅读教材

学术英语阅读教材的设计是为了让学生熟悉更多国外学术文章的结构，能提高学生从海量数据中高效获取信息并对其进行整理、归纳总结的能力。课外阅读教材的选择要尽可能地涉及更广的方面和更多的领域，让高校学生具有更广的知识面，展现一个受过高等教育的人才的高等素质。接受大量英语阅读材料的阅读培训之后，当遇到学术研讨项目时，学生可以迅速地进行资料查找，迅速投入学术研讨项目中，完成阶段性的学术交流活动。

（4）学术英语写作教材

英语学习的价值除可以使学生进行口语表达之外，还可以使其学会严谨的书面表达方式，在工作学习中掌握良好的书面表达技能。写作教材的设置要注重培养学生的语言技能、阅读学术语篇和批判性思维能力，强调对学生以笔头形式来表达观点的能力的培养。

“语言中心”教材模式还可以设置语音教材，对学生的英语发音进行纠正。学生准确地道的发音不仅能够提高其听力水平，而且有助于其记忆和联想学术文章中的单词，清晰阐述自己的观点，顺利开展各类国际性学术或交流活动。当然，仅仅依靠“语言中心”教材模式提供的课程来提高学生各种能力是远远不够的，学生还需利用大量课余时间，通过网上查阅、课外实践等多渠道进行学习和提高。因此，“语言中心”教材模式体系还应涵盖阅读中心、资源链接、模拟现场等功能，为培养国际化创新型人才构建完整的教材体系。①

第四节　改革英语课程体系，完善学生培养机制

一、改革英语课程体系

高校英语教学在课程体系设置方面已经取得了阶段性的发展，但是在课程时间安排、课程类型等方面还存在一定的问题。高校英语课程设置是教学活动的基础，课程体系的设置不是不同类型课程的简单叠加，而是需要建立科学的体系，使课程设置在满足学生学习需求的基础上培养其学习英语的兴趣，使英语教学更加系统化、专业化和实用化。

（一）合理规划高校英语课程时间

当前高校的英语课程主要包括专业英语课程和高校公共英语课程。高校英语作为教育部“钦定”的一门全国普通高校公共基础课程，在中国高校的课程体系中占有重要地位。高校英语教学时间是一个超越课堂空间范畴，由上至下的概念，宏观上的课程时长是指国家规定的高校英语教学的时间总和，实现了人才培养的目标；微观的课程时长是指教师的课堂教学任务，这决定了教学课堂中的环节和节奏。然而，在现实的高校英语教学中，由于教师水平、教材质量、教学手段等发展不够充分，时间资源被浪费，因此，高校在注意到这些问题之后应当采取相应的措施以改善和创造条件来加强对教学时间的合理利用，提高对时间的利用率，如一些条件优越的高校采取了缩小班级编制、精选课堂内容、提高课堂效率、增加学生课外英语活动机会等措施，把部分课堂教学内容分解并延伸到课外自主学

① 庄智象，韩天霖，谢宇，等．试论国际化创新型外语人才培养的教材体系建设[J]．外语界，2013（5）：45–50．

习平台中，拓展了学生的学术学习时间，打破了课内课外界限，有效扩大了教学时间领域，创新了教学时间管理实践。

1. 树立时间管理意识

英语作为一门全国性的高校公共课，教育部门与各高校都要树立起时间管理的意识，从宏观与微观两方面对课程时间进行合理的规划。教育部门可以通过政策制订来确保高校英语教学的时间资源合理分配，并为这些时间的有效使用确定原则和目标。在国家进一步对外开放和经济社会发展出现新的形势后，教育部门要及时调整时间资源的分配和使用的原则目标。同时教育部门还可以通过高等学校本科教学工作水平评估，全国大学英语四、六级考试，高等学校外语专业教学指导委员会会议等方式来对高校英语教学时间管理进行引导和监督。

在教学大纲中，各大高校要根据自身特点和英语教育政策分配自己学校的英语教学时间，包括教学时间总量的保证和时间的分配问题。在每个学年度，各个学校会按照时间段将教学任务划分开，将英语知识、技能、素养等任务安排在特定的时间段，能够让教师更好地把握教学进程，也方便了学校对教学的监察。同时，在公开课教学、学习观摩、教学研讨督察、学生评教等日常教学管理中，对教学时间使用的有效性进行监察和评估。教师在教学过程中不应该一味地根据学校的要求和教学大纲的指导进行教学，因为不结合实际的教学对学生来说是无用的，白白浪费时间，而应该注意到学生的实际学习情况，根据具体的情况确定具体的教学时间，并且要根据国家对高校英语的课程教学要求和学校培养方案，对教学时间进行规划，即教学要进行细化，内容要进行勾选，有选择性地进行教学。在时间管理上要有预见性，因为英语教学具有一定复杂性，所以教师在教学时要根据学生学习的自然特性，确定某一时间段学生的学习目标、进度，规划半学期或者一学期的教学任务、路线，以及教学手段。

2. 合理安排课堂教学时间

在课堂教学过程中，还应通过优化教学过程，来让教学活动有序、顺利、流畅，进而使教学时间得到充分有效地利用。当然，对于充满创新的高校英语课堂，时间的控制也应该是灵活可变的，一是在课堂教学过程中，要排除异常因素对正常教学进程的影响，维持教学时间的稳定；二是要结合师生的实际情况，尤其是当有违既定的教学路线却有利于教学的创造性活动发生时，及时对教学时间做出调整，使教学时间更好地服务于教学目标。

教学的时间通常可以分两种，一种是实际教学的时间，另一种是非实际教学的时间。实际教学的时间主要是课堂上教师教授学生英语知识、传授给学生英语技能、提高学生素养这一过程的时间，这是一个具体的活动，这一时间段具体发生的教学事件，就像在英语教学活动开展时的倾听、发音、阅读、翻译等行为，就是实际教学所发生的具体事件。而非实际教学的时间，就是课堂上对人数的统计、检查作业情况、上下课时间转换、管理课堂纪律的时间等，这一系列的事件，都发生在非实际教学时间，这属于课堂的管理时间。教师在进行教学活动时，要结合学生的学习规律，学生把英语当作第一外语，这就要求教师对教学时间与学生学习程度把握较好。例如，在课堂上教师要减少讲解的时间，延长学生们自己做题的时间，并且学生在课堂上的注意力并不总是集中的，教师要注意观察。就像学生在进行英语听力或者阅读理解时，会有一定的注意力集中时间和一定的疲劳时间，教师一定要利用好这个时间，更好地安排学生的学习活动，提高学生的学习效率，减少在时间安排上的不合理性，更好进行教学活动。教师应该注意学生在学习上的需求，充分利用好上下课时间，指导学生进行学习，让学生多倾听，多阅读，多思考，彼此之间互相交流，合理规划好自己的英语学习时间；并且英语注重多听多练习，重视亲身的实践，学生在课堂上的积极参与非常重要，必须全身心投入进去，由此才会取得较大的进步，如果只是看着别人交流而不亲身实践，那便毫无用处，很难有实质的进步，只是白白浪费时间。在时间的管理上，不同的层次又可再分，但每个层次都相互联系，共同构建了高校英语教学时间管理的多层次框架。

目前看来，很多高校仍处于用有限的教学时间来进行英语教学活动的时期，在英语教学管理的提高上有更大的进步空间。[①]

（二）构建高校英语课程体系

课程体系的设置决定着学科发展的方向，高校英语课程体系的设置要体现其大局观念，既能考虑到学校定位与人才培养的目标，同时又能结合本校教师的师资力量与学生的接受程度。合理的科学体系构建在一定程度上能通过课程设置技巧对教学内容进行难易程度的划分，通过英语教学巩固和提高学生的通用语言能力。

1. 强化高校英语多维互动课程

教学定位要适应社会发展的需要，根据课程定位设置教学课程模型是培养学生的基本方法。高校英语多维互动课程目标设计要适应当前高校英语教学改革的需要，能够全方位地培养高校学生的英语综合应用能力，使学生的英语听说读写能力得到全面提高。

① 陈艳．浅谈大学英语教学的时间管理[J]. 速读（下旬），2014（12）：31.

《大学英语课程教学要求》的目标是培养学生的英语综合应用能力，特别是听说能力，能够使他们在今后的学习工作和社会交往中用英语有效进行交际；同时增强其自主学习能力，提高综合文化素养，以适应我国社会发展和国际交流的需要。这些目标相对比较宽泛笼统，各高校教学负责人去刻意具体化这些目标的可能性不大。因此，在课程设置的过程中，教学管理者和教师极有可能忽略该目标的真实意图，在课程结构设置、课程内容安排、课程教学实施等环节出现问题，甚至认为目标就是可执行亦可不执行的空话、套话。由于目标的虚无和缥缈，很多高校很少花精力对课程设置进行实质性的改革，沿袭传统的综合和听说课程教学也就成了普遍现象。再者，如果教学目标和定位并未聚焦于学生本体，也未考虑学生个体利益和需求，那么学生学习英语的动机和动力会大打折扣，语言学习最终也就只能成为教育部门或教育者一厢情愿的美好愿望。学生在英语学习中看不到与自己利益及未来发展相关的实质性价值，他们的学习也只是被动和无奈地学习，费时费力且低效的语言教学还会周而复始地出现，教学目标的执行力也就可想而知了。因此，课程设置合理与否必须基于正确的需求分析，考虑学生的学习观念和目标。

新的课程设置体系强调高校英语课程应根据本科专业类教学质量国家标准和教育部统一纲要或《大学英语教学指南》（2020 版）进行合理定位，服务于学校的办学目标、院系人才培养目标和学生个性化发展需求。不难看出，新的课程设置目标不只是从国家和社会层面考虑高校英语教学的课程设置，更强调在学校办学定位、院系学科发展和学生个体等多维度需求分析的基础上对高校英语课程进行合理、科学设计和安排。《大学英语教学指南》（2020 版）要求高校英语教学以国家战略需求和学生个人成长需求为导向；体现语言学习的渐进性和持续性；体现学校类型、层次和生源，服务办学定位和人才培养目标，反映校本特色。

这一创新改革不仅有利于激励各院系积极参与到高校英语课程教学改革中来，高校英语课程教学与专业课程教学相互交融，能够促进学科专业的长远发展，让院系也成为改革的获利者，而且结合学生的利益诉求，让学生从英语学习中受益，既能根据学生个人需要，满足其日常英语的使用需求，也能满足其专业英语和职场英语的学习需求，有效提高学生对英语学习的满意度、兴趣度，提高英语实用价值，为学生语言学习实现多赢局面开辟道路。因此，高校英语课程设置以学生及直接受益者的利益为目标才是硬道理，也是创新价值之所在。目标明确、定位清晰、操作性强、有执行力、实用价值高是新的课程体系构建的终极追求。

2. 细化源于三大课程结构的三级目标课程内容

《大学英语课程教学要求》只提及将课程中的综合英语、语言技能类、语言应用类、语言文化类和专业英语类等必修课和选修课有机结合。课程名称看似丰富多样化，但是泛泛而谈的课程目标和模糊不清的课程板块使很多高校的教学管理者和教育者无法确定到底要开设什么样的课程。甚至有部分院校领导出现了多一事不如少一事的想法，认为没必要把一个英语学习弄得很复杂，于是一些高校墨守成规，只开设传统的综合英语课程和听说课程，部分院校最多也就是进行了分类分级教学。而现实状况下的很多分类分级教学只是流于形式，大多课程分类趋同，既没有体现学校和专业特色，也没有体现学生个人发展需求，没有起到真正意义上的分类分级的作用。加之师资紧缺及大部分学生当前情况下对修读高校英语课程的态度——学英语就是为了拿到学分，使很多院校无法开设选修课。

新的课程设置体系明确把高校英语课程分为必修课、限定选修课和任意选修课，并且把高校英语教学的主要内容细化为通用英语课程、专门用途英语课程和跨文化交际课程三大板块。每一板块下的课程教学根据学生个人英语学习能力及需求分为了三个由低到高的级别：基础级别、提高级别和发展级别。通用英语板块中基础级别和提高级别的英语课程为必修课，建议与发展目标相关的课程为限定选修课，其他板块的其他级别课程为任意选修课。①

明确三大课程结构、细化三级目标课程内容的新思路旨在改变传统课程分类华而不实、课程结构单一、课程内容宽泛且笼统等问题，为管理层、教师和学生提供详细的、易操作的和实用的课程菜单，以达到各级别课程教学的预期目的。建立与个人需要接轨、与专业接轨和与未来职业接轨的高校英语课程新思路、新体系是教师和学生之所想，心之所向。

（三）淡化疏于个性诉求的课程课时和学分权重

目前各个高校为提高英语学习的重要性，大多设置了时间较长的英语课程供学生学习，并设置了比其他课程更高的学分。但是现实表明，这样的设置耗费了学生大量的时间精力在已经掌握的知识上，无法根据自身个性诉求进行选择，虽然学校也提供了多种形式的选修课程供学生进行选择。在今后的英语教学改革中，高校要注意这一问题，适当减少英语学分并设置多种类型的英语选修课程。

1. 适当减少高校英语学分

《大学英语课程教学要求》建议高校英语课程要融入学校的学分制体系，尽

① 杨贤玉，柯宁立．地方高校特色英语专业课程体系的构建[J]. 外语界，2011（1）：53–58.

量保证在本科总学分中占 10%（约 16 学分）。高校英语基础阶段必修课学分大多数在 13 到 16 学分之间。随着基础教育的改革发展，很多高校的教学管理者对高校英语课程的安排现状发出了不同的声音，一种声音是反对高校英语课时多、学分多和学生耗时耗力多的“三多”现象，提议减少高校英语学分，或将高校英语作为选修课程，这种减少必修课学分的倾向在层次越高的高校越明显，已经蔓延到了一些地方本、专科院校。还有一种声音就是反对缩减大学英语课时和学分，这一部分人更多的是考虑学生、学校和学科长远发展的需要。当然，学时和学分缩减争议背后的实质问题除通用英语课程与专门用途英语课程及跨文化交际课程的脱节之外，其实质还是高校英语课程培养目标的问题。培养目标是否和学校学科专业发展对接、是否和院系人才培养目标对接、是否和学生个体未来发展需求对接，这些都直接影响着学生的学习态度和学习效果，进而会影响到整个群体对高校英语课程的看法。

2. 设置多种英语选修课程

针对当前高校英语课程学时学分的现状，新的课程设置体系明确提出了高校英语起始阶段的通用英语课程需要 144 课时～216 课时，这是一个相对较大的弹性区间，对不同起点的学生、不同层级的课程开设都有不同的建议。高校英语课程设置淡化了课程课时和学分，在满足最低 144 课时的基础上，各高校可根据多维需求自行开设不同类型专门用途英语或跨文化交际课程的选修课，以满足专业发展和学生个人发展需求。根据教学目标，高校英语建设三大课程群：通用英语课程、专门用途英语课程、跨文化交际课程，课程类型包括：必修、限定选修和任意选修。通用英语课程面向所有学生开设，依据学生英语水平分为三个层级；专门用途英语细分为行业英语课程和学术英语课程，就业、创业方向学生选择与自己专业匹配的行业英语课程，出国和国内升学学生选择学术英语课程；跨文化交际课程面向所有学生开设。

淡化课程课时分配和学分权重的思路给各高校自主确定开设选修课程的空间，促使各高校站在学生利益、院系发展和学校发展的角度做出更科学合理和具有校本课程的课程安排，同时解决了多年来不同群体对高校英语学分和课时缩减的意见分歧，也弱化了高校英语教学中出现的大一统现象和应试教学倾向。

二、完善学生培养机制

高校英语教学水平的整体提高依靠一所高校或仅仅依靠高校的力量是远远不够的，需要各个高校联合起来，利用整体的力量来推进高校整体英语教学水平的提高。除此以外，为了提高学生的实践能力与水平，高校要与企业之间建立良好的共同培养机制，向企业输出高素质的应用型人才，对高校学生开展有针对性的、符合社会需求的教育，解决高校学生就业困难的问题。

（一）构建区域间高校联合培养机制

随着社会经济的快速发展与科学技术的大力支持，各高校之间的联系逐渐加强，高校之间进行友好的合作交流，建立完善的区域联合培养机制，可以不断完善本校专业设置，提高本校综合实力以满足社会不断发展的人才需求。区域间高校良性联合培养机制的有效落实可以实现各校之间资源的互补，充分利用其他高校的优秀资源。区域间高校联合培养机制主要包括辅修专业、跨校选修课程和校级交换生几种类型。构建区域间高校联合培养机制可以从以下几方面进行。

1. 固化机制，规范管理

不同高校之间形成统一的联合培养目标有很大的难度，各个高校处于不同的地区，联合在一起需要突破各方面的阻碍，设立一个统一的标准，在一个机构的带领下规范管理，形成固定的培养机制，成立专门的机构进行统一管理。为此，各高校可以学习借鉴一些教学共同体的基于地域相邻和各校优势特色专业的结构特点，共同体首创性地采用了“一校式”办学模式，在共同体的教学和教学管理上组建一个虚拟的单一学校，通盘考虑、统筹规划、统一管理、分散实施。教学共同体实行秘书处、管理办公室、处长联席会及全体理事会三级管理，这种管理方式有力地保障了教学共同体的高效运作。成立专门机构，可以由某个高校主导，也可以聘请专门工作人员，高校在协商后制订管理条例，规范管理过程。

2. 完善学分互换准则

我国不同高校之间的学制与学分的设置存在差异，不同学校对同样学科学分的设置不同，对如何取得学分的方式设置也存在一定的差异，构建区域间高校联合培养机制需要有统一的成绩评估标准和学分获得方式，因此建立一套完善的学分认证体系是建立联合培养的基础，要具体到每一学分代表的课时与成绩，完成多少学分才能获得合格等方面，通过高校之间的协调来划定学分比重。统一的学分获得标准能够让学生根据自己所到达的阶段和获得的学分进行置换，在需要交流的时候，直接进行互换，达到统一培养的目的。

3. 建立健全信息共享平台

构建区域间高校联合培养机制需要畅通的信息交换平台来提高信息共享的速度。信息技术的高速发展，社会进入信息爆炸的大数据时代，各个行业领域尤其是教育行业更需要顺应社会变革的潮流，改变传统的信息交换方式，巧妙利用大数据技术结合本行业特色，突破原先教育模式的局限性。构建的信息共享平台不能仅仅依靠一所学校来主导，而是需要多所高校共同地维护和经营。具体来说，就是各高校要在共同建立的平台上，上传本校的课程内容、上课时间和教学视频，定期更新上传的内容，公布高校的任课教师信息、上课时间、所用教材和互换学分的标准、其他高校联合培养的机会等基本信息，使各个高校的教师、学生都能进入平台查看信息，掌握第一手的各校的动态，抓住适合自身发展机会进行交流学习。

4．加大宣传，适当激励

学校对联合培养应予以高度重视，出台相应的政策，制订详细的人才培养计划，在全校范围内进行宣传，让全体学生获知学校联合培养机制的相关政策，根据自身的情况做出选择，营造积极参与联合培养机制的氛围。除在学校共享平台上进行信息公布外，为使学生掌握全面的信息，各校的基层管理机构、各学院和班级作为直接管理学生的部门，要准确向学生传达联合培养机制的政策和与其他学校联合的机会。同时，为激发学生参与的热情和积极性，学校可以相应提供适当的经济补贴与学分补贴，形成良好的竞争机制，使学生体会到联合培养机制的好处。

5．创新联合培养模式

区域间高校联合培养不能一成不变，要吸收各区域好的方面，对自己区域进行改革，要学习其他区域成功的经验，在此基础上还要进行不断地扩展、创新和深化。而在区域间高校的联合中，资源共享应该进一步的扩大，让更多的学生得到更多的资源，取得更大的进步，学习到更多的专业知识和技能，如在原来的共享中，单一的选修课可以更深入地扩大为专业课程。核心的专业课程的设置和共享资源的扩大，能够使更多学生学习到更多的知识，使区域间高校联合培养的方案取得更大的进步，培养出更多的人才。但在这期间，也不能没有变化，区域间的高校要进行改革创新，还要注意吸取别的区域的经验教训，不断进行区域间高校改革。高校资源共享扩展，虽然工作量会有增加，但是，学分互换体系的形成并逐渐稳定后，对高校来说，仍然会获得较好的教学效果。

6．网络课程和实体课堂的高效集合

在一定区域内的高校联合发展的培养模式需要进行不断的创新改革教育，创新教育是各个高校发展的必要过程，只有创新，才能取得进步和成功，同样，不同区域的高校也要进行不同的教学培养模式创新，对于地域相对独立的高校联合发展培养模式来说，可以探索新的教学方式，摒弃以往旧的教育模式，用新的教育体制培养新的人才，如在高校开展的录制网络课程在线共享和线下实践课堂相结合，这能够让更多人看到高校教师的上课过程，达到资源共享的目的，同时线下实践课堂由专门经过培训的教师进行指导教学，帮助更多的学生进行学习。在高等教育改革中，区域间高校联合是一个重要的改革措施，是改革中的重要任务，这一改革是为了满足高素质的人才需要而产生的，对高校的教育发展有重要意义。

（二）争取与国外高校交换学习的合作机会

从目前看来，高校在培养学生时不应该只局限于国内，多数高校在对学生进行联合培养时还存在一定的局限性，如仅仅开设一些英文课或者让学生只进行英文专业课的学习，因此高校应该从更多渠道探索与国外高校联合的培养方式，争取与国外高校进行交流学习的合作机会。

1.增加校级文化交流会

现在的高校学生普遍反映，在高校学习英语阶段缺少与国外，特别是与一些以英语为母语的国外高校的交流学习机会。针对这一问题，高校可以与国外一些学校建立校际交流学习制度，让合作双方之间的短期互访学习常规化。一方面，高校可选择部分学生，让其利用寒暑假的时间到国外高校进行短期交流学习，让学生能够提前感受国外的教学和科研环境，并且与国外导师有更直接的接触，为以后的联合培养打下基础。另一方面，高校还可以选派部分导师到国外进行访问学习，加强本国导师与国外导师之间的合作，从而增加学生与国外导师之间的沟通联系，进而推动学生联合培养计划的发展完善。

2.提供跨国科研机会

科研训练是高校学生联合培养的基础环节之一，目前大部分学生参与科研训练的机会主要来自导师。但由调查结果可知，学生参与科研项目的含金量是目前需要提升的重点，同时，有将近一半的学生希望自己能够获得与同专业未参与项目学生不同的科研机会。中国高校和国外高校也可以进入研究生院，使研究生院发挥自身的优势，加强中国与其他国家在科研上的合作，鼓励中外学生合作开展科研项目，并在其中起到桥梁的作用。国际化的科研合作可提高学生参与科研项目的含金量，同时，这些学生也获得了英语专业未参与项目的学生所没有的科研机会，可谓是一箭双雕。

3.构建网络学习平台

国内高校可与国外高校共建网络学习平台，由两国导师在平台上向参与英语学习的学生开放一些专业课程，学生可通过此平台观看国外高校的课程视频，下载课程资料等。这样做可让学生切实地接触到国外的高等教育，提前了解国外相同专业学生的学业情况，拓宽学生在本专业上的学习视野，弥补国外教授在面对面授课时不能兼顾所有专业学生的缺陷，同时还可增强中外联合培养机制的培养效率。

（三）达成与企业之间的对口培养

产学结合既是一种教学形式，也是一种教育思想。产学结合作为一种教育思想，它主要反映了学校教育要以市场为导向，主动面向市场、服务社会的教育理念。当前，普通高校的传统教育模式大多数是重理论而轻实践甚至无实践的，培养的人才很难适应当前社会的高速发展。著名教育学家吕型伟曾撰文对我国传统教育进行了回顾与总结：教学内容死板，教学大纲多年不变；单纯的知识教育，旧有经验的复制，忽视实践，没有培养学生动手能力；以考试分数评高低；忽视人文教育，没有进行全面素质教育等。①

目前，各大高校通过对我国传统教育的反思和对新教育模式的不断摸索，逐步形成了不同于传统教育的教育模式。在对学生进行技能培养的同时，也对学生进行素质教育，采用“七分实践，三分理论”的教育模式，以学生为中心，因材施教，在社会上掀起了一股教育风潮。校企合作模式，就是职业教育中探索出来的一条新道路。因此，为达成与企业之间的对口培养，建议高校对英语专业的学生培养主要从以下两方面开展。

1.做好就业需求调研

学校在专业设置和确定人才培养规格时，要广泛开展社会调研，了解企业、行业和社会对英语人才的需求及对英语人才培养规格的意见，进行专业论证时要广泛邀请校外专业指导委员参加。在充分论证的基础上，高校要根据企业用人岗位的职业要求，设置英语专业的课程体系和教学内容，主动为企业培养人才提供优质的英语专业教育。调研的开展要注重样本的多样性，对不同领域需要英语技能的企业都要尽可能地进行调查，以保证调研的科学性与合理性。同时，英语专业负责人要积极与企业联系，开拓毕业实习基地和学生就业接收单位，主动向企业输送对口的人才，提高学生的就业率。

2.建立校企对接机制

从高校自身来讲，其应该主动与当地的企业或者政府等部门加强联系，开展以非学历教育为主要目标的“订单式”的教育形式，这样一来不仅可以将高校

① 吕型伟．要读一点教育史[J]．基础教育课程，2008（8）：1.

英语专业的教育师资和教学条件进行充分利用，为企业培养专业的英语人才；还能进一步提升这些从业人员的专业技术、技能和管理水平。构建以能力为目标的新型教育模式，显示出以技术应用为本位的培养特色，从而形成教育与实际应用相结合的理论教学体系和实践教学体系。高校要将校企合作的办学模式作为基础，将产、学、研作为人才培养的平台，将专业建设作为先导，将课程改革作为首要目标；要本着有利于英语人才培养目标的实现、有利于提高高校的英语专业质量的建设和有利于提高高校英语教学的管理效率，体现一个公共的，如公共学习领域、公共选修领域、素质培养领域的技术平台和多个专业，如专业一般学习领域课程、专业综合学习领域、专业扩展学习领域的方向；以能全面反映英语专业人才培养目标为基本要求，反映高校英语专业特色建设的基本要求和反映取得的英语职业资格证书的基本要求，体现基础知识、基本能力和专业素质的模块化课程；本着课本教学、应用教学的双效合一，产学结合落实校内实训和校企合作的校外在岗实习，建立相对而言比较独立的英语理论和应用教学模式；本着必修课有利于学生自身的个性化发展，明确英语教学方案的制订规范和制订标准有利于实际的教学管理，建立以弹性学制的学分模式为基础的高校英语专业人才教育计划。

第五节　提升学生学习兴趣和自主学习能力

兴趣是最好的教师，学习的主体是学生。除英语专业的学生日常学习英语之外，其他专业的学生大多钻研本专业的学习，课业压力较大，高校对英语学习的考察标准也比较低，课程设计传统常规，缺乏新颖性，因此减弱了学生学习英语的热情和能力。总体看来，由于缺乏强烈的学习动机、缺少良好的英语学习环境，学生没有学习英语的激情，自主学习能力差，投入的精力较少，不能有意识地使用学习策略，以通过考试为学习目标。

一、创新教学模式，激发学习兴趣

从我国目前的英语教学来看，“费时低效”“既聋又哑”的现象仍然存在，并成为英语教学改革中的极大阻碍。虽然在高校期间很大一部分学生已经通过了大学生英语四、六级考试，但也只是停留在应付书面习题的阶段，在日常生活中很难去用英语口语来表达自己的想法或者是与别人顺利地进行交流。自然而然地，在英语教学模式中如何去摆脱“哑巴英语”这一困境，就成为广大的语言学家和英语教师要思考的问题。

我国的传统教学模式一直以来都是以教师为中心，曾经韩愈在《师说》中也提到过，师者，所以传道授业解惑也。那么，英语教师的职责也不例外。长久以来，英语教师在课堂上只是把英语当作纯知识去讲授，如单词词组、语法知识、语言难点、写作技巧讲授等。在这个过程中，学生通常也只是被动地去接受而已，并没有过多地去参与其中，在一定程度上造成了学生语言实践机会的缺失。而与之相比，基于多媒体与互联网的新型教学模式则适应了社会发展的需要，逐渐受到众多教师和学生的好评。这种教学模式，是一种有移动技术支持的混合式听说教学模式。混合学习就是要把传统学习方式的优势和数字化或网络化学习的优势结合起来，既要发挥教师引导、启发、监控教学过程的主导作用，又要充分体现学生作为学习过程主体的主动性、积极性与创造性。下面将从五个维度对该模式进行阐述。[①]

（一）课外非正式学习与课内正式学习两种方式的混合

通常来说，口语教学课堂的时间是有限的，为了弥补这一缺陷，该模式就把口语学习的一些环节放到室外去进行，学生通过这种非正式的学习能够了解到更多的外国的文化知识，并且可以借助不断的练习来提高自身口语的流利度。非正式的课外学习是正式的课内学习的有益补充，学生在课前就可以做好充分的准备，课后则可以进行高效的复习。

（二）课堂教学中学生主体性和教师主导性的混合

为了激发学生的学习兴趣，在课堂教学中，要同时发挥教师的主导作用和学生的认知主体作用。教师在讲授语言知识和语言技能操练的过程中，始终扮演着组织者和指导者的角色，学生可以通过支架式的教学策略来更好地掌握学习策略。作为认知主体的学生，要改变过去那种被动地接受知识的状态，充分积极地参与到课堂当中，享受互动带来的更有意义的学习过程。

（三）实现学生自主式学习与教师讲授式教学的混合

在实际的高校英语教学课堂中，前半部分时间，通常是以教师为主，教师向

---

① 王磊．提高新生英语学习兴趣的行动研究：以济宁医学院为例[J]．山东外语教学，2014，35（5）：73–78．

学生讲授语言知识，包括词汇、语音、语法、语调等，把学生课前所了解到的相关文化知识与之相结合，进而对课文内容部分进行细致深入的讲解。而在后半部分，则是以学生为主，往往是通过小组之间互动的方式去进行自主学习，并在互动过程中，学生可以得到听力能力和口语能力的锻炼。教师应该根据实际的教学需要，灵活地安排教学方式，使得学生不是一味地被动地去接受，而是更有兴趣去学习，把学习英语当成是一种享受。

（四）英语语言知识与听说技能在教学内容上的混合

传统模式的英文课堂往往存在着重知识轻技能的弊端，但现行的英语教学模式突破了这一弊端，实现了知识和技能的并重，可以让学生对语言知识进行充分的学习，发展其听说技能，反过来又可以加深学生对语言知识的理解。在日常的听说练习中，有利于学生养成英语思维，也有利于学生英语写作能力和英语阅读能力的不断提高。①

（五）传统媒体与新媒体在教与学的过程中实现混合

在混合化的教学模式中，教师和学生都可以根据自己的实际需要，因地制宜地去选择适合自己的多媒体技术来进行学习，如说常见的有多媒体计算机、语音室、计算机网络、影音资料、笔记本电脑、手机、学习机等。此举可实现传统媒体与多媒体的融合，充分发挥两者的优势，使学生爱上英语学习。

二、创造良好的英语交流学习环境

大学生英语能力的培养需要有一个良好的学习环境，包括课内的学习环境和课外的学习环境，好的英语学习交流环境可以激发学生学习英语的兴趣。从语言学的角度来看，交流环境的创造对学生的英语学习起到潜移默化的作用，良好的英语交流环境对学生英语语言能力的提高有着不可估量的熏陶作用。学生在汉语交流环境下学习成长，具有汉语思维，而英语语言思维与汉语存在巨大的差异，因此需要营造良好的英语交流学习氛围，带动其英语学习热情。

（一）营造课内英语氛围，建立焕发语言生命活力的课堂

英语教学的目的就是要提高学生运用英语这一语言作为交流工具的能力，也就是我们常提到的听、说、读、写的综合能力，与此同时文化教育和人文素养教

① 吕婷婷．基于翻转课堂的大学英语自主学习模式研究[J]．中国外语，2016，13（1）：77—83.

育也应该渗透到其中。在课堂教学过程中，听、说、读、写这四个部分彼此之间是相辅相成、互相促进的。高校英语教学课堂可以通过一定程度的综合训练，如读、写能力培养，进而培养学生的听、说能力。同时，学生听、说能力的提高反过来又可以带动读、写能力的形成。在课堂上，教师可以多设计一些有趣的教学活动和口头练习，让学生敢于开口讲英语。大部分学生会对那些新鲜的事物产生兴趣，因此教师在教学过程当中要尽可能地根据教材内容，说一些相关且有趣的故事给学生听，或者是指导他们做游戏、表演剧本等，最好可以利用实物，创造出一定的情境和语境，这样学生就可以在情境中进行多种多样的练习，提高自己的英语能力。

（二）创造课外英语学习环境

创造课外英语学习环境，简而言之，就是要创造一个充满英语学习氛围的校园环境，使校内环境也可以做到英语化。主要是指校园设施建设，包括硬件设施建设和软件设施建设两方面。针对校园建设的硬件设施部分，教师可以适当地张贴一些语言标识，如在实验室、教室、走廊、功能室、公共物品、办公室上面都标上相应的英语标签；张贴适量的英语课程表，英语宣传画册等；在学校的各个角落、林荫小道旁、图书室、食堂等公共场所写上英语的名人名言。使校园中的许多标识都可以做到中英文对照，学生能够随时随地地接触到英语。此外，还必须有一个良好的软件建设，让学生在校园中逐渐形成自觉说英语、用英语的好习惯。一个立体化的校园英语环境，可以让学生在走进校园的瞬间，就感受到浓浓的英语氛围，随时随地看到、听到并使用英语。建议学生、教师在课外、课内，以及学校举办的各种活动中尽量用英语交流，做到“英语不离口”。

三、完善自主学习激励机制

完善自主学习激励机制，就是通过激发高校学生的英语学习兴趣，让他们“要学、会学、学会”。建立行之有效的自主学习激励机制及信息反馈机制，及时解决学生在学习中遇到的各种问题和挑战。可以采取个性化的教学方式和“英语寝室”活动。

（一）采取个性化的教学方式

近年来，各大高等院校纷纷扩招，人数的逐年增加致使很多高校的英语课采取了大班授课的方式，所有的人不管英语水平的高低，都接受一样的英语教育，诚然，这样的教学模式并不利于高校学生听力能力和口语水平的提升。但是，必须承认的是，高等院校招生是面向全国范围内招生的，同一个班级里的同学往往来自祖国的各个地方，城乡差异、南北差异、性别差异等这些都是客观存在的事实。一般来说，南方的学生地方口音比较明显，英语发音也特别不清晰，农村和偏远地区的学生通常没有接受过专门的口语训练。从这些方面来说，高校学生的英语学习起点是不一样的，那么他们的英语口语和听力的初始水平也会出现参差不一的状态。作为教师而言，他们不可能把所有的差异都考虑进自己的教学计划中，通常采取统一教材，统一的教学方式和进度，对学生进行整齐划一的教学，无法做到因材施教这一教学理念，一些班级也经常出现水平较差的学生由于听不懂课而逃课，水平较高的学生觉得自己什么都会而不听课的现象，这极大地降低了教学效果。因此，教师只有采取个性化的教学方式，充分了解学生的特点，才能有的放矢，使学生的才能得到充分地发挥，让他们更有动力去学习。

（二）启动“英语寝室”活动

21 世纪初，浙江工商大学率先进行了尝试，创造性地在英语专业和国际贸易专业中启动了“英语寝室”活动。英语寝室活动以寝室为单位，要求学生自愿参加，不强求，毕竟兴趣是最好的教师。每天下晚自习后学生可以在寝室用英语来进行交流（可以是当天的心情、吃到的好吃的食物、好看的综艺节目等），同时学校也会给开展英语寝室活动的宿舍不定期地安排专业教师、留学生、外教等到寝室与学生进行更深入的交流与对话，营造出浓厚的英语学习氛围。想要学好一种语言，最为有效的则是把自己置身于那种语言环境中，长期坚持下去肯定会有意想不到的效果。学校还可以通过举办各种形式的活动，来推进英语寝室活动的开展。例如，可以定期举办英语比赛，成立一些英语寝室课题组等。这些活动的开展，不仅给英语寝室活动参与成员带来了巨大的收获，也使得英语寝室活动成员在学生中出现了“羡慕效应”，从而激励学生更好地去学习英语，因为学好英语带给他们更大的满足感！

四、组织多种形式的课外教学活动

与课堂教学相比，课外教学活动有着它独一无二的优势，不仅仅是课堂教学的有益补充。在课外实践中，学生可以充分发挥自己的特长，彰显个性，还能够充分地锻炼自己、提高自己。课外教学活动既可以是组织性活动，也可以是竞赛性活动。

（一）课外教学活动的模式

课内教学的优越性在于集中的教学时间和紧凑的教学任务可以使学生高度集中注意力，而课外教学活动的趣味性和多样性可以调动学生的积极性，提高学生的综合应用能力。国外的英语教学活动多采用任务型的课程模式，教师设定一个目标任务和一个贴近学生生活的交际任务，由学生自主分配任务，合作共同完成，在任务完成的过程中，学生应用所学语言知识、利用表达技巧进行实践的能力会不断提高。学生语言学习的终极目标是在生活中流利地使用语言进行交流，恰当地使用语言表达观点，只有真实地运用所学语言进行交流才能发挥其学习的作用，交流的过程是一个积极的动态过程，在积极的交流过程中，有助于学生获得学习的成就感，激发其继续学习英语的热情，将学习变成真正的、主动的、积极的心理渴求。为学生安排课外教学活动中的任务型语言教学模型，让学生带着任务去学习，能够发挥学生在教学中的主体性和积极主动性。课外教学活动相较于课堂教学，具有更强的开放性，学生不像在课堂上那样拘谨和紧张，学生与学生、学生与教师之间的交流更加没有障碍，一些学生在课堂上不能理解、不敢提问的问题，会在课外教学活动中没有戒备的情况下，主动向教师进行提问，主动解决问题，使学生成为真正意义上学习的主体。师生之间、生生之间的交流可以拉近彼此之间的距离，培养默契，有利于今后教学活动的开展。在课外学习过程中，学生能发现自己英语交流中的短板和不足，挖掘自身的潜能，课外教学活动还能加深教师对学生的了解，使教师能够在今后的教学中设计更有针对性的强化训练。英语的学习更要注重平时的表达，课堂上虽然可以设置一些教学任务为学生提供表达的机会，但是课堂时间有限，不能保证每个学生都能在课堂上获得英语表达训练。课外教学活动就解决了这一问题，让每一个学生都能自由地交流，锻炼了学生的表达能力。

但是在设置课外教学活动时，教师要考虑以下几点因素，第一，要注意教学任务设置的可操作性，针对无法达到的教学目标进行课程设置只是徒劳，学生没有足够的能力水平，无法得到相应的锻炼。第二，要从学生的兴趣爱好出发，选取贴近学生生活的话题，晦涩的话题无法激发学生的兴趣，学生对话题的陌生和对形式的排斥会导致课外教学无法顺利进行，违背课程设置的初衷。第三，要进行合理的差别教育，对待学生要一视同仁，但这不代表对学生的要求要完全一致，学生个体存在差异且接受能力有所不同，课外教学活动本身就是学生综合能力的表达，但因部分学生能力不足，在参加课外课程中参与度低，因此课程的设置要分类进行，设置难易程度不同教学任务，考虑学生之间的个体差异，平衡任务的难易程度。第四，要注重培养学生的创新能力和独立思考的能力，课外教学活动课程的设计要能起到启发学生的作用，让学生在参与过程中发现突破点，培养其自主创新的能力。[①]

（二）多元评价

在课外教学活动中，评价活动是关键教学环节，教师可以根据反馈的结果对本次课外教学活动进行总结，并对下次课外教学活动的展开进行改进。学生通过对课外教学活动的评价，可以对自身的表现进行总结，发现自己学习中的优点与不足，改进自己的学习方法、调整学习策略、提高学习效率。得法于课内，得益于课外，课外教学活动的开展从学生角度、教师角度来看都能对其进行专业能力提升。

进行评价的方式也要尽可能多样化，同样要以学生为评价的主体，注重学生在活动中的情感体验。通过教师评价、小组互评的多种方式进行全面评价，全方位、多角度的评价方式可以促进课外教学活动的蓬勃发展。学生的自我评价是一个重新认识自我的过程，让学生重新审视自己在课外教学活动中的表现，发现自己的优势与不足；小组之间的互评可以使学生学会与其他人交流沟通，从其他人身上发现别人的优点，取长补短，在评价自身英语水平和合作能力的同时加深彼此之间的感情，学会对自身的行为负责，实现高校英语课外学习的真正自主。

高校英语课堂教学主要目的是教会学生学习的方法，为学生自主学习、终身学习打好基础，课外学习活动才是学生运用学习方法，获取知识，形成能力的主阵地；课外教学活动不仅为课堂教学拾漏补缺，而且还是学生自我发展的自主学习过程；课外教学活动通过学生间的交流互动，使其优势互补，从而促进其知识框架更好地建构。此外，通过课外学习活动，学生的合作意识和合作技能也得到了培养，既促进了学生个人的充分发展，又实现了集体成员的共同进步。课外学习活动充分调动了学生的积极性和主动性，培养了其自主发现问题、分析问题、解决问题的能力和创新能力，为今后的终身学习打下了良好的基础，有利于学生综合素质的提高。课外教学活动的组织性活动包括英语朗诵和一些英语类的小游戏，其中，朗诵可以很好地锻炼学生的口头表达能力，对于那些英语初学者而言，通过英语朗诵可以使他们更好地去了解使用英语的国家的政治、经济和文化背景，较大程度地提高自己的阅读能力。做英语游戏则可以调动大家的积极性和主动性，

---

① 郑大湖．基于需求分析的大学英语多元课程体系构建[J]．外语界，2016（6）：49—56.

使每个人都尽可能地参与到其中，并且教师在英语游戏的设置过程中，可以将其与课程内容相结合。

（三）开展课外教学活动的方式与意义

相比之下，竞赛性活动或许会更受欢迎一些，因为它是以一定的奖励为基础的，有目的、有计划地培养学生的竞赛意识的活动。常见的竞赛性活动有歌咏比赛，英语演讲比赛，以及其他形式的娱乐活动。竞赛性活动可以与一些传统的欧美节日相融合，让学生在学习的同时又可以体会到文化的魅力。

英语课外教学活动作为一种英语学习途径，组织和开展好必将会促进教学质量的提高。第一，课外教学活动的开展会增加学生学习英语的实践性。实践是认识的源泉，不管是对于哪种语言的学习，要想更好地去掌握，就必须把其运用到实践当中。尽管课堂教学也会有一定的实践存在，却并没有课外活动来得真切、生动。第二，学生的学习兴趣会在多种形式的课外教学活动中加强。正如每个人都不喜欢一成不变的生活一样，一成不变的学习也会让人感到枯燥、乏味、失去兴趣，而课外教学活动的开展则给学生的课余生活注入了生机与活力，极大程度地提高了学生的学习兴趣。第三，在课外教学活动中，学生的综合能力也得以提升，尤其是在动手能力和创造能力方面。通过多元化的课外教学活动，学生不仅能学会听，更多会思考的是如何去做、怎样做才可以更好地实现目标。在这一过程中，他们会运用各种形式的活动来发展自身学习英语的能力，英语思维也得到一定程度地巩固。第四，课外教学活动在一定程度上也推动了合作学习的发展。在合作中促发展，在发展中促合作。总之，开展各种形式的课外活动，能够很好地激发学生的学习兴趣，会使他们爱上英语学习。①

① 屠国元，胡东平，范丽群．传承·发展·创新：大学英语课程设置新体系构建之思考[J].中国外语，2016，13（6）：4—9.

第五章　高校英语教学模式的新发展

随着高校英语教学模式的不断发展，基于网络多媒体的高校英语教学模式也在逐渐发展完善，本章共三节，第一节为高校英语翻转课堂模式，第二节阐述了高校英语微课模式，第三节讨论了高校英语慕课模式。

第一节　高校英语翻转课堂模式

对于教师来说，想要促使学生取得一个好的成绩，要先为学生提供一个良好的情绪环境，激发起学生对学习英语的兴趣，但就现状来看，传统的教学形式较为枯燥、乏味，常常无法获得良好的成效。① 随着人们对教学研究的不断深入，翻转课堂模式逐渐被人们了解和熟知。与传统教学模式相比，这一新兴的教学模式是建立在网络多媒体教学环境下的，对传统教学模式的一种颠覆。高校英语翻转课堂模式有其自身的优点，笔者将对该模式展开分析和探讨。

一、翻转课堂模式的历史溯源及定义

在分析翻转课堂模式的定义之前，有必要追溯一下翻转课堂模式的来源，只有对这些渊源的分析，才能够更深刻地了解其定义。

（一）翻转课堂模式的溯源

翻转课堂遵循的学习规律，有其深远的历史渊源。下面从中西方两个方面来分析翻转课堂模式的历史渊源。

1. 翻转课堂模式在中国的历史渊源

2500 年前，孔子所施行的教学就已出现先学后教的迹象。

第一，孔子在《论语 · 为政》中曾经提出，温故而知新，可以为师矣的观点，即通过复习开始新的课程。

---

① 侯晓慧 . 从新媒体看高职英语教学中存在的问题与解决对策 [J]. 濮阳职业技术学院学报，2021，34（3）：31—33.

第二，孔子在《论语·述而》中提出：不愤不启，不悱不发。举一隅不以三隅反，则不复也的观点，即启发式教学。

第三，孔子在《论语·卫灵公》中提出“不曰‘如之何，如之何’者，吾末如之何也已矣”的观点，即讨论式教学。

第四，孔子在《论语·雍也》中提出“知之者不如好之者，好之者不如乐之者”的观点，即倡导主体自身对学习兴趣产生浓厚的兴趣，这是求知识、做学问的一种理想境界。

第五，孔子的“学而时习之”“三人行，必有我师焉”等观点反映了他注重在实践中学习的看法。

第六，孔子的“可与言而不与之言，失人；不可与言而与之言，失言。知者不失人，亦不失言”这一观点体现出孔子在教学中善于通过适时抓住关键点来调动弟子的主动性，同时体现了学与思的有机结合。除了以上孔子的言论外，中国当代同样有类似于翻转课堂的教学方法，如山东杜郎口中学进行的教学改革、魏书生的预习方式等，不过与翻转课堂不同的是，由于没有云学习、云教育的条件，这些学生在课下无法使用微视频进行学习。

2. 翻转课堂模式在西方的历史渊源

翻转课堂在西方的历史也很久远，如下文所示。

古希腊时期的苏格拉底与柏拉图曾经采用启发式与讨论式教学，这可以说是翻转课堂在西方的初次出现。

西方近现代时期，裴斯泰洛齐的主体性教学思想、皮亚杰的建构主义学习观、维果斯基的“最近发展区”理论都对翻转课堂具有很大的影响。

20 世纪 90 年代，哈佛大学物理教授埃里克·马祖尔创立了同辈互助教学方式。马祖尔教授将学习分为两个步骤：知识的传递与知识的吸收。过去教学模式大部分都只重视传递知识，而忽视了学生知识的内化与吸收。经过大量实验之后，人们发现马祖尔教授提出的同辈互助教学方式可以有效地促进学生对知识的内化，同时其学习的正确率提升了一倍。另外，马祖尔教授还发现计算机辅助教学可以有效解决知识传递的问题，因此他认为教师的角色将在未来的高科技辅助教学中得到改变，从演讲者变为教练，将学生的知识内化作为教学的重点，而不只是知识的传递。①

特雷格拉在其论文《颠倒课堂：建立一个包容性学习环境的途径》中论述了

① 许西萍．基于网络多媒体的大学英语教学模式的研究[M]．长春：吉林大学出版社，2017.

在美国迈阿密大学开设“经济学入门”课程时使用的“翻转教学”或“翻转课堂”教学模式，激活了差异化教学以适应不同学生的学习风格。

杰里米·斯特雷耶在其博士学位论文《翻转课堂在学习环境中的效果：传统课堂和翻转课堂使用智能辅导系统开展学习活动的比较研究》中论述了翻转课堂在高校中的设置。

综上可知，翻转课堂教学模式的出现使得传统教学模式发生了颠覆性的变化，在教学中，学生将成为核心部分，翻转课堂为学生提供了个性化的学习平台，这十分有利于培养学生自主学习意识、团队协作能力等。但需要明确的一点是，没有一种教学模式是完美无缺的，翻转课堂作为一种新兴的教学模式在我国高等教育领域有很大的发展空间，这离不开广大英语工作者脚踏实地的钻研与实践。

（二）翻转课堂模式的定义

在分析了翻转课堂模式的溯源后，就需要界定翻转课堂模式。翻转课堂又可以称为“颠倒课堂”，其教学过程包含两大阶段：一是知识传授；二是知识内化。在传统教学模式中，教师往往会通过课堂知识传授的形式来教导学生，学生通过课后作业的完成情况和具体的实践来实现知识的内化。与这一传统教学模式不同的是，在翻转课堂教学模式中，教师会根据自己的教学计划对课前预习的内容进行布置，学生则主动利用各种开放资源来获取知识，在课堂上通过与教师进行探讨来完成任务，最后内化为自己的知识。

翻转课堂模式是指在课堂进行之前，学生利用教师给出的视频、音频、开放网络资源、电子教材等学习材料，自主完成课程内容，然后在课堂上主动参与教师的互动活动，最终完成学习任务的教学模式。

翻转课堂模式是由孟加拉裔美国人萨尔曼提出的，他首次利用网络视频展开翻转课堂授课，并取得了巨大成功。因此，可以说萨尔曼·可汗是翻转课堂模式的创始人。

近年来，翻转课堂模式在国内产生了巨大影响。作为一种基于网络多媒体的新型教学模式，翻转课堂模式是对传统教学流程的颠覆，这对于学生展开自主学习而言是非常必要的。作为一种新型授课方式，翻转课堂对我国高校英语教学改革大有裨益。但是，翻转课堂不属于在线课程，也不能用视频授课代替教师授课，它只是师生之间进行互动的方式，为学生的自主学习提供了充足的空间和实践机会，能使学生获得个性化的发展。

现行教育体系建立的目的在于满足工业时代的需要。1899 年，美国教育专员哈里斯提倡在美国的各大高校中展开机械教学模式，这一模式使得学生“中规中矩”。但这显然与当前经济发展、生活水平不相符，只有对学校教育体系进行革新，才能跟上时代的步伐。换句话说就是，源于工业革命时代的机械教学模式逐渐被当前的新兴教学模式代替。

在传统教学模式中，知识习得需要经历知识讲授、知识内化、知识外化三个步骤。通过课堂，教师完成知识的讲授，而学生在课后任务和作业中完成知识的内化。这在前面已有所提及。但是，在当前云教育、云学习的技术条件下，学生可以通过“云课程”及媒介来展开学习，当学生在学习中遇到困难时，教师可以对其进行排解和启发，既保证了师生之间的平等交流，也保证了学生知识的进一步深化。简单来说，从先教授后学习转向先学习后教授，这就是课堂翻转。

综上所述，翻转课堂模式是对传统教学模式的变革，师生关系及教学方式在教学过程中都发生了质的改变。

二、翻转课堂模式的构成

很多学者都对翻转课堂模式进行了研究，将其构成要素分为三个层面：课前内容传达、课堂活动组织、课后效果评价。下面将对这三个层面进行分析。

（一）课前内容传达

在翻转课堂模式中，其教学的基础在于课前内容的有效传达。就目前来说，我国翻转课堂模式往往会采用教学视频与纸质学习材料这两种模式来传达教学内容。其中，教学视频被认为是最基本的形式。教学视频的来源主要有以下两种。

1. 运用现有的教学视频

运用现有的教学视频是教师进行翻转课堂教学的最佳选择。这主要有两方面的原因：一是由于教师的教学任务繁重，因此并没有多余的时间来制作新的视频；二是教师在面对视频录制仪器时，往往比较紧张，因此会严重影响教学效果和进程。可见，如果教师可以从网上找到现有的教学视频，那么必然会节省教师自身的时间和精力，且网上的教学视频资源非常丰富，教师只需下载就可以使用。

2. 制作新型教学视频

对于翻转课堂模式中运用的视频，教师除了运用现有视频外，还可以进行录制。当然，这需要教师有多余的时间和精力，他们可以运用电脑、录音软件、麦克风、手写板等进行制作。具体而言，需要做到如下几点。

第一，教师可以使用录屏软件对电脑操作轨迹及幻灯片演示轨迹进行捕捉。

第二，教师可以利用麦克风对讲述的音效进行录制。

第三，教师可以运用手写板对书本上的书写效果进行提升。

第四，教师可以利用音频编辑软件对录制的声音进行加工。

另外，教师还需要对画面质量进行关注。基于此，教师制作的教学视频应该尽量短小，这是因为当前的社会生活、工作、学习节奏快，如果视频过长，那么难免会引起学生的厌烦；相反，如果视频较短，那么则能激发学生的好奇心，引起学生的兴趣。

（二）课堂活动组织

在翻转课堂模式中，教师需要对课堂活动进行组织。在组织课堂活动过程中，教师需要注意如下几个层面。

首先，对于高校英语教学而言，导读类课程比较适合翻转课堂教学，因为这类课程会通过网络多媒体展开。在课下，学生按照教师的安排习得知识；在课堂上，教师解释重难点问题，进而通过网络多媒体实现在线测试。完成测试后，学生可以及时获取网络背景知识和学习资源，同时还能与自己之前的测试结果进行比对，从而了解自己知识学习的不足。

其次，英语课程涉及语言与文化两大因素，教师在对学生的学习进行安排时，需要从初级认知的识记理解开始，逐渐转向高级的综合应用，完成一系列的递增过程。同时，教师在安排学生学习时还需要组织与此相适应的学习活动，在学生固有知识的基础上加深其对不同文化知识的理解和掌握。

最后，在合作学习的基础上应结合个体学习，因为个体学习有助于学生充分领会和识记英语知识。

（三）课后效果评价

在翻转课堂教学模式中，教师需要重视课后效果评价。翻转课堂模式常采用个性化学习测试形式，依靠的是教师与学生在接触的过程中形成的评价。也就是说，教师需要依据自身经验，对学生的知识掌握程度进行判断。这种即时的评价有利于纠正学生对知识的错误认识，且能够根据不同学生的差异，为他们提出合理化的建议和指导。但是，由于翻转课堂兴起时间较短，其评价与测试形式并不完善。因此，翻转课堂模式的学习评价主要是要求教师与学生之间进行及时交流与沟通，并根据学生的不同个性特征来加以引导。另外，教师还需要提供更多渠道来让学生展示学习成果，让学生建立起足够的成就感和自信心，促使他们有更多的学习动力。

三、翻转课堂模式的优势

通过翻转课堂模式的定义可知，该模式是对传统教学模式的颠覆。具体而言，翻转课堂模式有如下几个方面的优势。

（一）有助于学生合理安排学习时间

翻转课堂模式有助于学生合理安排学习时间，尤其是即将毕业的大学生，他们需要在实习工作上花费很多时间，因此并没有充足的时间进行课堂学习。这些学生需要的是能够迅速传递知识的课程，让他们在闲暇时间学习知识。对于这些学生来说，翻转课堂模式是非常适合的，利于他们对自己学习时间的安排。

（二）有助于师生展开课堂互动

与传统课堂教学模式相比，翻转课堂模式改变了师生之间的相处方式，教师与学生之间逐渐形成了一对一的交流方式。如果学生对某一知识点存在质疑，那么教师可以将这些学生集中起来，对他们进行特别指导。另外，在翻转课堂上，学生会与教师展开大量的互动，他们不再将教师看成知识的唯一来源，还包含与其他学生的互动学习。

（三）有助于存在学习困难的学生进行反复学习

在传统教学课堂中，教师将更多重心放在成绩优秀的学生身上，这是因为，在教师的眼中，这些学生可以追赶上教师的步伐，且会积极主动地参与到教师的教学中。但是，除了这些成绩优秀的学生外，其他英语水平相对较差的学生往往是被动听课，甚至很难跟上教师的节奏。在翻转课堂上，这部分存在学习困难的学生可以随时对视频进行暂停或重放，直到自己理解和明白为止。另外，翻转课堂模式还可以节省大量教师的时间，让教师将更多精力投注于这部分存在学习困难的学生。

（四）有助于学生实施个性化学习

众所周知，各大高校的学生来自不同地区，其自身发展水平必然会存在差异，参差不齐，尤其是兴趣爱好和学习能力等。虽然当代的教学研究领域注意到了这一问题，但是传统教学模式很难实现分层教学，而翻转课堂教学模式恰好解决了这一问题。翻转课堂模式会根据学生的兴趣、能力等展开教学，使每位学生能够从自己的学习进度出发来进行英语学习。

（五）有助于课堂管理的人性化

在传统课堂教学中，教师为了帮助学生获取知识，需要密切关注学生的注意力和整个课堂的纪律，这是因为，如果学生被某些事情影响了注意力集中程度，那么必然会影响他们学习的进度。但是，在翻转课堂中，这一问题是不存在的。

首先，翻转课堂模式将学习的主动权归还给学生。如前文所述，翻转课堂模式是对师生间、生生间互动关系的强化，让学生最大限度地发挥了主观能动性，即学生掌握了主动权。虽然传统课堂中教师也会辅导学生，但由于受传统理念的影响，这些教学改变只存在于形式上，教学活动仍侧重于讲授，学生没有完全占据主体地位。在网络多媒体环境下，翻转课堂模式获取了名正言顺的社会地位。在翻转课堂中，学生根据教师提供的资源先进行自主学习，体现学生的主体地位，然后在课堂上与教师展开讨论，深化自己的知识。

其次，翻转课堂模式扭转了传统教学模式下学生的学习观念和学习态度。翻转课堂中的学习内容是根据学生的需要、兴趣来定位的。在总体学习目标下，学生可通过教师提供的学习途径、学习材料完成知识建构，提升自身的知识水平。

最后，翻转课堂使学生对教师的依赖性降低。这是因为，在翻转课堂中，知识的习得置于最前的位置，学生的自主性会逐渐提高，有效淡化了学生对教师的依赖。在自主学习中，学生不得不将自己获取帮助的想法转向其他同学，经过一段时间后，学生便形成一种习惯，即主动接收学习知识的过程，与其他同学进行探讨和交流，这样不仅可以提升学生的知识水平，还能提升他们的人际交往水平。

四、翻转课堂模式的实施方法

分析上述翻转课堂教学的基本流程及教学理念，高校英语教师根据其所授课程内容构建了多种教学流程。具体而言，涉及如下两大层面。

（一）进行课前安排

在课前安排方面，教师要为学生准备充足的学习资料，如电子教材、英语参考书籍、国内外相关英语专题网址及微视频教程等。

1. 电子教材的设计

在电子教材的设计上，高校应该注重其完整性。也就是说，纸质教材的内容及附加的包含音频、录像、解释材料等在内的内容应包含在电子教材中。此外，还有语料库数据、相关网站等资料，可以运用链接形式注入电子教材中，便于教师和学生使用。

电子教材除了要保证完整性外，还需要遵循一些次要原则。

（1）模态协作化原则

由于电子教材的设计涉及多模态形式，在运用多模态时需要考虑几个因素：一是现有的设备条件是否适合使用多模态，能否为教师留有选择的空间；二是运用多模态能否产生正面影响，其教学效果如何；三是考虑多模态的运用是否会出现冗余，避免产生浪费；四是多模态形式是否能够进行强化和互补。

（2）模态分配分类化原则

模态分配分类化原则是指根据不同的教学条件和教学对象来分配不同的模态组合。高校教材中的绘图大多为纲要式或者抽象式图表，而小学教材多为漫画式，这就说明教材的编写是根据学生的认知能力和基础知识进行的。因此，高校在设计电子教材时，同样需要考虑学生的认知能力和知识水平，如文科生适合形象化的模态，而理科生适合抽象化的模态。

（3）超文本化原则

在电子教材中，教学材料是主语篇，而背景、解释、练习材料的是小语篇，二者通过不同层次的方式构成一个相对复杂的语篇网络。

（4）个性化原则

电子教材设计的个性化是从学生的个性特点出发的。由于学生的起点不同，其使用的模态也必然不一样，为学生提供多种可供选择的教学模态，有助于提升学生的学习兴趣，避免出现“一刀切”的情况。

（5）协作化原则

在多模态学习的环境下，学生要相互进行协作，以小组的形式来完成学习任务、实现学习目标，进而提升整个小组成员的知识水平。

（6）模块化原则

模块化是指电子教材的设计以阶段性目标为核心，根据这一目标为学生设计教材，并在此基础上设计完成任务和目标的措施和方法，指导学生根据步骤来学习，为实现自己的目标努力。

2. 微视频的设计

微视频是当前翻转课堂模式常用的学习资源，具有很强的针对性。在课堂开始之前，教师可以根据课堂学习目标准备两个或三个微视频，一个微视频仅介绍一个知识点就可以，如果介绍的内容太多，那么就会影响学生的理解和学习。对于微视频的设计，教师需要注意以下几个方面。

第一，英语教学视频的视觉效果、互动性、时间长度等都会对学生的知识习得产生影响。在微视频中，教师要对学生的学习内容进行合理设计，并设计课前练习的难度与数量，以帮助学生将新旧知识结合起来。

第二，学生在课前学习过程中，可以利用网络多媒体软件等与其他学生进行交流与沟通，将自己在学习中的遇难题和疑问排除掉，使学生彼此间的交流互动增加。

第三，在微视频的设计上，教师还需要考虑学生的适应性。刚接触视频时，学生很难集中自己的注意力，他们更专注于笔记的记录。为了改善这一局面，教师可以为学生构建视频文字记录，帮助学生解除后顾之忧，引导学生对当期视频内容进行关注。

第四，在微视频的制作上，教师不仅需要对整体上的视觉效果进行重视，还需要突出学习的要点和主题，根据知识结构来设计活动，为学生构建内容丰富、形式新颖的学习平台，让学生对微视频学习产生更大的学习积极性。

第五，当微视频制作完成之后，教师可以将这些视频上传到网上，学生可以通过学校网络随时下载并使用学习。

第六，当学生完成微视频的学习后，需要对自己的学习情况进行总结。如果遇到问题，可以将这些问题反馈给小组长，然后由小组长向教师汇报。

（二）开展课堂教学

在翻转课堂上，教学大概涉及五大步骤：合作探究、个性化指导、巩固练习、反馈评价及课程总结。

1. 合作探究

首先，要合理进行分组，因为合作学习实际上就是小组学习。在合作学习中，组员结构是十分重要的，因此教师在分组时要注意各小组成员在能力水平、知识结构上的多样化。同时，各小组成员之间保持个性特点的均衡也有利于各个小组间进行竞争和学习。一般来说，各小组成员应该遵循组间同质，组内异质这一原则，保证小组成员中具有不同层次的知识水平，提升小组内能力欠佳学生的积极性，保证其任务的顺利完成。另外，小组内的成员应该进行分工，即每一位成员在小组内都应该体现自己的作用和位置，在完成任务的过程中能够积极地进行思考。

其次，对问题进行策划和提出。小组合作的内容要具有操作性，即设置的问题能够进行讨论。在课堂开始之前，教师应该根据不同的学习内容和任务明确分组的原则，明确规定小组内各个成员的任务及完成任务的时间。在合作学习中，教师处于引导者的地位，为不同学习小组安排不同的学习任务，使各个小组能够相互合作、共同学习、共同进步。

最后，要合作实施，并对过程进行控制。小组合作学习并不是在任务开始时就要求一起完成任务。事实上，在任务开始时，小组成员需要对任务进行研究和探讨，且组内各个成员要独立进行思考，通过独立思考来促进和发展思维。之后，小组成员之间对思考的成分进行交流，发表自己的观点和看法，最后对各种信息和观点进行汇总，组合成一个一致的观点。当然，小组内还需要一个发言人，发言人需要将观点和看法向教师反馈。

2. 个性化指导

在个性化指导阶段，教师需要为各个小组解答问题与疑惑。在合作探究中，不同小组会产生不同的问题，教师应该根据不同的问题对学生进行个性化指导并解答问题；对于一些共性问题，则可以集中起来予以解答

3. 巩固练习

在巩固练习阶段，在教师的个性化指导下，各个小组需要进行总结，并通过不断练习来加深印象，对重点、难点知识进行巩固。另外，这一阶段需要各个小组互相学习与交流，教师要引导学生贡献自己的学习经验和知识。

4. 反馈评价

对小组合作学习情况的评价主要包含两个方面：一是对学习过程和结果进行评价；二是对小组及小组内成员进行评价。在对各学习小组进行评价时，教师需要将重心放在整个小组任务的完成情况上，而不是放在某一小组成员的成绩上。同时，教师还需要评价小组内成员参与的主动性、积极性，这样既可以为其他小组内的成员树立榜样，还可以激发小组内成员的热情，调动学生学习的积极性，防止学生对教师产生依赖，更好地实现合作学习。

5. 课程总结

课程总结是合作探究的最后一步，此时，各小组要进行交流与信息沟通。教师应该给予小组内不同成员充分的支持，使各个小组都能够顺利地完成学习任务，实现既定目标。

总之，高校英语翻转课堂模式不仅是对课前预习教学效果的强化，更是对课堂教学效率的提升。对于教师来说，通过课堂活动设计来使学生知识内化是教学的重要任务，也是高校英语翻转课堂教学的目的。基于此，教师在设计课堂任务时应该对写作、情境等要素予以充分利用，引导学生通过真实体验来实现自身知识的内化。对于高校英语翻转课堂而言，学生展开学习的基础在于信息资源及技术工具等的运用。

第二节　高校英语微课模式

随着网络多媒体技术的发展，人们的学习方式逐渐发生改变。在网络及“微时代”的双重影响下，微课模式已经悄然进入高校英语教学的领域，并成为人们探索新教学模式的一个重大突破口。可以说，微课是一种新的网络学习资源，并在国内迅速发展，成为基于网络多媒体的高校英语新教学模式。高校英语微课模式的定义、构成、优势及实施办法等成为当前研究的热点，下面就对这几大方面展开分析和探讨。

一、微课模式的定义

从字面上来说，“微课”有如下三个层面的定义。

第一，对于“课”这一概念来说，微课是“课”的一种，是一种课式，呈现的是一种短小的教学活动。

第二，对于“课程”这一概念来说，微课同样是有计划、有目标、有内容、有资源的。

第三，对于“教学资源”这一概念来说，微课具有丰富的教学资源，如数字化学习资源包、在线教学视频等。

但是，对其内涵进行挖掘，可以发现微课是一种具有单一目标、短小内容、良好结构、以微视频为载体的教学模式。微课的最初理念是通过正式或者非正式的学习方式，使人们不断对短小、主题集中、与实践紧密结合的专业知识进行学习，从而提高人们学习效果，促进知识的内化。在这一理念基础上，我国学者对微课模式展开了重点研究，很多学者提出了自己独到的见解。

赵建华认为，微课是时间在十分钟内，教学目标明确、内容短小，能够对某一问题集中说明的微小课程。[①]

桑新民认为，微课是以某一知识点为目标，其表现形式是短小精悍的在线视频，主要应用于教学和学习的一种在线教学视频。[②]

胡铁生，黄明燕，李民认为，微课又可以称为“微型课程”，是建立在学科知识点的基础上，构建和生成的新型网络课程资源。微课以“微视频”为核心，

① 赵建华．计算机支持的协作学习[M]．上海：上海教育出版社，2006．

② 桑新民．学习科学与技术：信息时代大学生学习能力培养[M]．北京：高等教育出版社，2004．

包含很多与教学配套的扩展性或支持性资源，如“微练习”“微教案”“微反思”“微课件”等，从而形成了一个网页化、半结构化、情境化、开放性的交互教学应用环境和资源动态生成环境。①

上述这些学者的概念具有针对性，并一定程度上反映出微课模式的基本特征，虽然具体内容存在某些差异，但是其理念和核心基本一致，若涉及综合性问题，笔者更倾向于胡铁生的定义。笔者认为，微课从本质上是一种对教与学进行支持的新型课程资源，而且微课与其他与之匹配的课程要素共同构成了微课程。从这点来看，其属于课程论的范畴。当学生通过微课模式开展学习时，他们就是以微课为媒介与教师产生交互活动，通过面对面辅导、在线讨论等进行直接交互，从而产生有意义的教学。

二、微课模式的构成

从微课的课程属性出发，微课需要具备几项必要的课程要素。具体而言，主要涉及四大要素：目标、内容、活动、交互和多媒体。

（一）目标

目标是指教师预期微课模式的适用教学阶段，以及期望教学达到的结果，主要包含以下两种含义。

其一是应用目的，即设计开发微课模式的原因。这与微课模式是在课前、课中还是课后运用有关，如为学生的课后练习提供指导而制作的相关练习讲解的微课。

其二是应用效果，即教师在使用微课模式后期望学生所能够解决的具体问题，如掌握某一体裁的英语写作方法、阅读理解题的解题技巧等。

一般来说，微课模式的目标是具体明确、单一的，其对于微课内容和应用模式的选择起着重要的指导意义。

（二）内容

微课内容是指为微课模式预期目标服务的，与特定学科相关的有目的、有传递意义的信息与素材。也就是说，高校英语微课模式的内容是教师实现预期目标的信息载体。教师可以根据微课的目标，并结合学生的学习情况及准备应用的教学阶段等教学实际来设计微课模式的内容。微课内容不同，教师对教学活动的设

① 胡铁生，黄明燕，李民．我国微课发展的三个阶段及其启示[J]．远程教育杂志，2013，31(4)：36-42.

计也不一样。但是，由于微课的时间很短，内容上往往具有主题明确、短小精悍、独立的特点，因此需要教师对微课的内容进行精心地选取。

（三）活动

活动是主体与环境相互作用的过程，其中环境涉及主体本身、其他主体及客体。这里所说的“教的活动”是指教师这一活动主体与特定微课内容这一客体之间相互作用的过程，通过这种相互作用向学习微课的学生传递有效教学信息，以帮助学生对课程内容进行理解与思考。教的活动是实现微课目标的一种有效方法。从方法上来说，教的活动可以分为教师的演示、讲授、操作及其与其他主体间的互动等。

（四）交互和多媒体

要想完成微课中教的活动，教师必须借助某些特定工具，来保证学生能够正确理解微课内容的意义，从而实现学生与微课的相互交流。在微课模式中，这种工具主要包含以下两种。

第一，交互工具。学生进行微课学习，能够促使学生与微课间进行操作交互和信息交互。

第二，信息呈现工具——多媒体。多媒体能够更好地帮助教师对教学内容进行表达和解释，提高学生在进行微课学习时与学习资源间的交互有效性，如微课中课件、动画、图形、图像等的呈现。总之，微课这四大因素是相互影响、相互关联的。通过对这几大要素的设计，教师可以构建成一个具有结构化、数字化的课程资源平台。

三、微课模式的优势

从微课的定义与构成上不难看出，微课与当前信息技术相适应，也与《大学英语教学指南》（2020 版）相适应，是一种新兴媒体在教学领域的运用。可以说，微课在高校英语教学中的优势非常明显。

（一）教学内容少

微课模式主要是对课堂教学中某一知识点的教学的凸显，或者是对教学中某一环节或者某一主题活动的反映。与传统教学内容相比，高校英语微课教学内容精简，更符合当今时代高校英语教学的需要。

（二）教学时间短

一般来说，高校英语微课教学视频时长为3分钟～8分钟，最长也不应超过10分钟。相比之下，传统课堂教学时间长，一般为40分钟～45分钟。因此，微课常常被称为“微课例”或“课堂片段”。在当前的高校英语教学中，使用微课模式有助于教师针对教学难点开展教学，使学生能将这些注意力集中在教学的黄金时段，通过与教师的互动解决学习上的困惑。

（三）资源容量小

通常情况下，微课模式中的教学视频及配套资料的容量约为几十兆，容量一般比较小。在高校英语教学中，微课这一模式有助于教师与学生间流畅地展开交流。

（四）资源构成情境化

高校英语微课教学的内容通常具有鲜明的主题，且指向也完整、明确。教学视频片段是微课的主线，并以此对教学设计及其他教学资源进行整合，从而构筑成一个类型多样、主题凸显、结构紧凑的“主题单元资源包”，创造出一个真实的教学资源环境。这就使微课资源具有了视频教学案例的特点。这样真实、具体的情境不仅有助于学生提升自己的思维能力和学业水平，还有助于教师提升自己的教学技能。

（五）反馈及时、针对性强

微课教学内容少、教学时间短，可以在短时间内集中开展“无生上课”活动，因此教师和学生都可以迅速获取反馈信息。此外，每一位学生都可以参与进课前组织预演中去，相互学习，这在一定程度上有助于减轻教师的教学压力，保证英语教学活动顺利开展。

（六）成果简化、多样传播

由于微课教学内容主题鲜明，内容具体，因此其成果易于转化和传播。同时，微课教学时间短、容量小，因此其传播的方式也是多种多样的，如网上视频传播、微博讨论传播等。

（七）主题鲜明，内容具体

微课课程的开展是建立在某一主题上的，其研究和探讨的问题也主要来自具体、真实的教学实践。例如，教学实践中关于教学策略、学习策略、重点难点、教学反思的问题。

四、微课模式的实施办法

就当前的教学实践来说，微课模式有着较好的发展前景。虽然微课的设计是当前研究的重点问题，但是也不能忽视微课模式在教学实践中的应用。因此，下面就高校英语微课教学提出一些建议。

（一）建立微课学习平台

微课模式主要建立在视频这一载体上，同时还需要一些辅助模块，如微练习或互动答疑等，这些对于提高学生的学习兴趣、培养教师的信息化应用能力十分有益，其中，一个较为创新的方法是微慕课平台，即微课模式展现出慕课模式的系统性和专业性，这一平台具有一定的知识含量，且结构灵活、系统性强、制作成本低。

（二）提升微课录制技术

微课录制技术更追求质量，而且要尽可能地简单，使教师乐于录课，并能够快速提升自己的微课录制技术。另外，微课的研究人员需要在网络多媒体技术上进行改进和发展，追求卓越，尽可能地使微课模式得以普及。

（三）加强资源开发，实现共建共享

当前的高校英语教学中仍旧存在着教学资源不均衡的情况。微课的出现，使得优质的教学资源通过网络传送到全国的高校中，从而实现资源共享。

第三节　高校英语慕课模式

在网络多媒体环境下，慕课模式以关联主义为基础，开展大规模的在线教学方式和学习方式。慕课模式的形成和发展并不是偶然的，而是在时代的发展和信息技术的进步基础上实现的。

一、慕课模式的定义

慕课是一种在线课程开放模式，是在传统发布资源、学习管理系统的基础上

建立起来的课程模式，又被称为“大型开放式网络课程”。慕课主要由具有协作精神与分享精神的个人所组织，他们将优秀的课程上传到网络平台，供需要的人下载和学习，目的是促进知识的传播和发展。

2012 年 9 月 20 日，维基百科将慕课进行了界定，认为慕课是一种以开放访问、大规模参加为目的的在线课程。慕课的英文字母是 MOOC，这四个字母分别有其代表的含义，如下文所示。

M 代表参与这种开放性课程的人数多，规模大。O 代表这一课程具有开放性，只要是想学习的人都可以参与其中。O 代表这一课程学习的时间是非常灵活的，想学习的人可以自主选择。C 代表课程包含的种类众多。

二、慕课模式的优势

慕课模式应用于高校英语教学必然会引起教学理念与教学方式的重大的改变。也就是说，慕课模式对当前的高校英语教学意义重大。具体而言，慕课模式具有如下几点优势。

（一）提供能力培养平台

我国的高校英语教学虽然一直在不断变革，但是总体上还是将重心放在基础知识教学上，这种教学模式必然阻碍学生将英语基础知识与专业实践结合起来，也就很难实现学生综合能力的提升。受这一教学理念和教学背景的影响，很多学生忽视了英语的学习，并没有意识到英语这一工具的作用。慕课的出现能够为学生提供最新的英语教学发展评价和英语专业动向，有助于激发学生的学习动机和兴趣，促使学生提升自己的专业能力，解决英语教学与自己专业学习的问题。

（二）平衡不同学生水平

高校学生来自不同的地域，各地的教学水平存在差异，学生的学习能力和学习基础也就高低不同。在统一的大班英语课堂上，教师很难实行一对一教学，只能从宏观上对学生进行指导。在这样的教育现实下，部分学生已经追赶不上教学的进度，或者不满足于当前的教学水平。

慕课模式通过开放性的网络平台，给学生提供了有针对性地教学，便于缓解教师教与学生学的矛盾。同时，该模式不受时空限制，既有利于促进基础好的学生能力的发展，也有利于基础不好的学生进行知识的巩固。

（三）形成语言使用环境

对于我国学生而言，英语是第二语言，缺乏相应的语言学习环境，导致学生在课堂上学到的知识很难在现实中进行应用。从很大程度上说，这降低了学生学习英语的成就感，也对日后学生的语言能力提升十分不利。

慕课的出现能够为学生创设良好的语言学习环境，学生可以接触到真实的语言，甚至可以与世界上其他国家的人进行交流，这都有助于提升学生自身的听说能力。

（四）扩大学生知识储备

我国的高校英语教学主要是围绕课堂教学展开的，面对短暂的教学时间、繁重的课业压力，课堂教学很难给学生带来充足的知识。相比之下，慕课教学模式以网络为平台，向学生提供丰富的知识，方便学生进行信息提取，不仅扩大了学生的知识储备，还提高了学生的学习效率和兴趣。

三、慕课模式的实施办法

作为一种新兴的高校英语教学形式，慕课模式往往会通过以下几个步骤进行教学，即课程设置多样化、上课方式多样化、考核方式多样化、传统课堂与慕课结合。

（一）课程设置多样化

就当前的高校英语教学来说，慕课模式改变了教学模式单一的状况；就师资力量来说，传统的高校英语教师资源非常有限，讲授的课程针对性也不明确；就教学材料来说，当前大多数高等院校使用上海外语教育出版社出版的《大学英语（全新版）》、外语教学与研究出版社出版的《新视野大学英语》等，并没有采用与学生相适应的专门教材。就课程设置来说，虽然各大高校都设置选修课，但是这些选修课大多是为全国大学英语四、六级考试设置的，而慕课教学模式根据学生的兴趣和需要来选择课程，大大提高了学生的学习兴趣，从而提升了学生学习英语的质量和效率。

（二）上课方式多样化

虽然我国各大高校都在推进高校英语教学改革，上课形式也不再单一，但是仍旧将教师作为课堂中心，其中穿插的多媒体也只是一种辅助形式，是教师板书的延伸而已。但是，在网络多媒体不断发展的背景下，慕课模式实现了上课方式的多样化，学生可以在校园任何地方用电脑学习，或者手拿 iPad 进行学习。

（三）考核方式多样化

在网络多媒体教育环境下，高校英语慕课模式的实践优势在于考核方式的多样化。如果仅仅依靠传统的笔试或者论文式教学，那么就很难将学生的实际水平测试出来。在慕课模式下，考核方式的多样化主要涉及两点：一是探索个性化考核方式，即根据不同层次的考生设置不同的测试题目；二是探索开放性的考试方式。总之，无论是个性化考核方式，还是开放性考核方式，其前提都是为了激发学生的学习积极性和学习兴趣。

（四）传统课堂与慕课结合

前面已经介绍了慕课模式的优势，但是在发挥慕课模式的同时，还需要注意两点问题。

首先，高校英语慕课模式教学还有待完善，因为需要对教师进行相关培训，还需要准备与之配套的教学硬件设备。

其次，对于大学生来说，他们自身英语水平存在差异，因此要想让不同层次的学生适应慕课模式，也需要很长一段时间。如果将所有的教学内容置于网上，那么那些本身自制力差的学生就更容易放弃，这当然是教师不愿意看到的。当前属于新旧交替时期，教师仍旧扮演着重要角色。为此，教师应该积极探索能够激发学生主动性和积极性的慕课课件；并且，教师需要对学生的基本情况有一个清晰的了解，保证慕课课件能够被大多数学生理解和把握。另外，教师还需要了解不同学生的自主学习能力，锻炼学生的心理素质，使他们尽快适应新兴的教学模式。

参考文献

[1] 李慧．我国高校英语教学模式研究[M]. 吉林：吉林出版集团股份有限公司，2021.

[2] 杨雪静．高校英语教学模式创新研究[M]. 长春：吉林人民出版社，2020.

[3] 夏珺．高校英语教学设计优化与模式创新研究[M]. 长春：吉林人民出版社，2022.

[4] 徐琴．新时代高校英语教学模式创新研究[M]. 北京：北京工业大学出版社，2019.

[5] 张金焕．高校英语教学设计优化与模式改革研究[M]. 长春：吉林人民出版社，2020.

[6] 沈红．基于在线课程平台的高校英语混合式教学模式研究[M]. 北京：中国商业出版社，2020.

[7] 陈伟．高校英语教学策略创新与模式构建多维度研究[M]. 长春：吉林出版集团股份有限公司，2022.

[8] 杜羽洁，史红霞．高校英语教学模式创新与发展研究[M]. 北京：北京工业大学出版社，2019.

[9] 陈晓丽．高校英语慕课与翻转课堂教学模式研究[M]. 成都：电子科技大学出版社，2017.

[10] 唐巧惠．应用型高校大学英语翻转课堂教学研究与实践[J]. 开封教育学院学报，2017，37（3）：84-85.

[11] 闫爱花．多模态辅助支架式教学在大学英语写作中的应用[J]. 校园英语，

2017（24）：9-10.

[12] 刘海红，谢君．翻转课堂在应用型高校大学英语教学中的应用研究 [J]. 北京城市学院学报，2017（1）：51-55.

[13] 孔丹．基于职业能力培养的高职英语教学模式改革分析 [J]. 课程教育研究，2017（44）：88-89.

[14] 郭静，蔡秀国．翻转课堂与应用型本科高校大学英语教学模式改革研究 [J]. 教育教学论坛，2016（24）：143-144.

[15] 王子彦．关于大学英语多维互动教学模式的行动研究 [J]. 当代教育实践与教学研究（电子刊），2016（12）：412.

[16] 郭妮，商志霞．高级英语教学中翻转课堂教学模式的运用：以《悲哀的年轻一代》的教学设计为例 [J]. 读与写（教育教学刊），2016（1）：9-10.

[17] 胡维．翻转课堂教学理念在高校英语教学过程中的应用 [J]. 文学教育（下），2016（3）：78-79.

[18] 谈忠贞．大学英语教学引入专门用途英语（ESP）的思考 [J]. 青海师范大学学报（哲学社会科学版），2016,38（3）：160-164.

[19] 张露馨．人本主义教育理论下的应用型高校英语专业教学模式的改革：以翻译课程教学为例 [J]. 西部素质教育，2016，2（3）：57-58.

[20] 张洁．移动技术支持的大学英语混合式听说教学模式研究 [D]. 长春：东北师范大学，2011.

[21] 许娜．建构主义视域下高校艺术生大学英语自主教学模式实证研究 [D]. 西安：西北大学，2012.

[22] 王静．我国高校外语教育信息化政策发展研究 [D]. 上海：上海外国语大学，2017.

[23] 严婷婷．大学公共英语学习需求与课程设置及实施效果研究 [D]. 上海：华东师范大学，2017.

[24] 马琴 . 大学英语个性化教学研究 [D]. 重庆：西南大学，2017.

[25] 周婷 . 大学英语翻转课堂中的学生自主性研究 [D]. 南京：南京航空航天大学，2016.

[26] 陈美娇 . 大学英语课堂合作学习研究 [D]. 重庆：西南大学，2014.